Heinrich Carl Ferdinand Friedrich von Hausen

Tagebuch und Briefe

01.01.1812 – 02.02.1814

Beiträge zur sächsischen Militärgeschichte zwischen 1793 und 1815

Heft 59

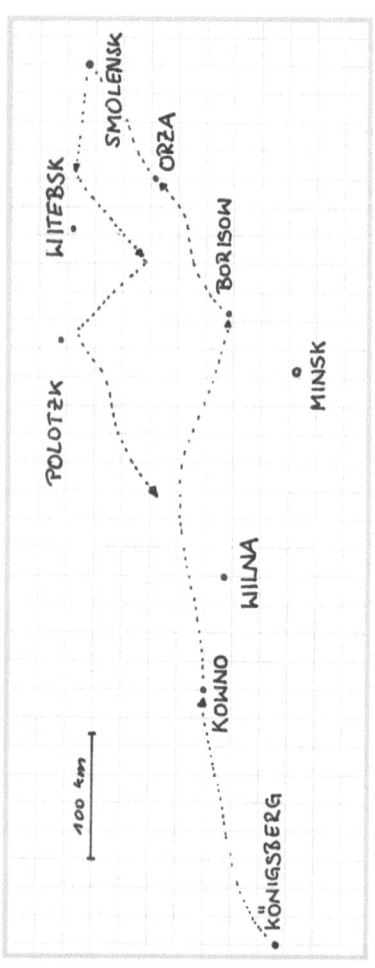

Abb. 01   Marschroute von Königsberg bis in die Umgebung von Wilna

Heinrich Carl Ferdinand Friedrich von Hausen

Tagebuch und Briefe

01.01.1812 – 02.02.1814

Bibliographische Information der Deutschen Bibliothek

Die Deutsche Bibliothek verzeichnet diese Publikation in der Deutschen Nationalbibliographie; detaillierte bibliographische Daten sind im Internet über http://dnb.ddb.de abrufbar.

Die Deutsche Bibliothek – CIP – Einheitsaufnahme

Jörg Titze (Hrsg.)

Heinrich Carl Ferdinand Friedrich von Hausen

Tagebuch und Briefe 01.01.1812 – 02.02.1814

ISBN 978-3-7494-8075-3

Herstellung und Verlag:

BoD- Books on Demand, Norderstedt

Vorwort

Im Hauptstaatsarchiv Dresden befinden sich im Familiennachlass der Freiherren von Hausen (Bestand 12 593) auch Aufzeichnungen von Heinrich Carl Ferdinand Friedrich von Hausen zu den Feldzügen von 1812 und 1813.

Die über mehrere Akten verteilten Aufzeichnungen sind einerseits Briefe in Berichtsform[1], die Heinrich Carl an seinen Bruder Carl Heinrich[2] schrieb. Andererseits sind es Tagebucheinträge. Diese Unterlagen können bereits aufgrund des gleichen Papiertyps in den Akten 197, 198 und 199 nur Abschriften sein. Lediglich die Akte 172 weicht hier ab und gibt vereinzelte Mitteilungen, die in den vorgenannten Akten nicht erwähnt werden.

Heinrich Carl Ferdinand Friedrich von Hausen, geboren am 26.01.1786 in Ehrenbreitstein bei Koblenz war der jüngste Sohn des am 24.05.1795 vor Ehrenbreitstein gefallenen kurfürstlich-trierischen Hauptmanns der Grenadiergarde, Lothar Franz Freiherr von Hausen und dessen Ehefrau Katharina geb. von Cerrini.

1796 Kadett, 1800 Unteroffizier, 1804 Sousleutnant, 1809 Premierleutnant und Capaitaine wurde Hausen am 23.06.1811 zum Major befördert.

---

[1] Eine bei höheren Offizieren dieser Zeit nicht unübliche Methode, sich gegen den möglichen Verlust solcher Aufzeichnungen im Felde abzusichern.

[2] Carl Heinrich Xaver von Hausen (1777-1849), 1812 Platz-Adjutant von Dresden und Capaitaine (Patent vom 17.01.1810)

Als Adjoint im Generalstab seiner Majestät des Königs dienend, wurde Hausen am 01.01.1812 als aggregierter dienstleistender Major ins Regiment vac. von Rechten versetzt, in dessen Verband er die Feldzüge 1812 und 1813 mitmachte.

Verehelicht war Hausen seit dem 03.01.1811 mit Franziska von Ehrenstein, deren Vater, Friedrich Franz von Ehrenstein, Oberst und Kommandant des Regiments Prinz Maximilian war.

Hausen erhielt am 04.08.1809 für Wagram das Ritterkreuz des Militär-St-Heinrichs-Ordens.

Seine Ernennung zum Ritter der Ehrenelegion ist nicht ganz eindeutig. Er hat das auf den 05.10.1813 datierte Ernennungsdekret erhalten, den Orden selbst aber wohl nicht, eine Ordensnummer ist nicht nachweisbar. Auf der Mitgliederliste wurde Hausen am 09.11.1817 nachgetragen.

Bedanken möchte ich mich beim Team des Hauptstaatsarchives in Dresden für die wie immer problemlose Bereitstellung der Akten.

Natürlich möchte ich mich auch bei Ihnen, verehrter Leser, dafür bedanken, dass Sie sich zum Kauf dieses Buches entschlossen haben. Insofern Sie Anregungen und Kritiken haben, über den Inhalt diskutieren oder mir einfach nur mitteilen wollen, ob Ihnen das Buch gefallen hat, so können Sie mich via email unter sachsen-titze@t-online.de erreichen.

Ihr   Jörg Titze

Feldzug 1812

1. Januar 1812 ward ich zum Regiment Rechten versetzt, welches einen Teil der Garnison Danzig bildete.

Den 2. Januar reiste ich dahin ab. Drei Monate lang blieb ich dort und als zum Kampf gegen Russland die Armeekorps gebildet und auch aus dem Rgt. Rechten ein mobiles Bataillon für den Krieg bestimmt ward, ward ich zu solchem geteilt und marschierte.

Danzig, 1. April 1812

Lieber Bruder,

da sitze ich nun fern von meinem lieben Weibe und Klein-Mariechen schon 2 Monate hier an der Ostsee und erwarte mit Ungeduld jede Nachricht, die aus dem Vaterlande kommt. Doch sind bald hier die Tage meines Hierseins gezählt und bald wird auch unser Bataillon sich den Heeresmassen anreihen, welche der gewaltige Napoleon aus dem ganzen übrigen Europa in Bewegung setzt, um Russland zu bekriegen und zu besiegen. Wird es ihm gelingen? Werde ich die Meinen wiedersehen? Das steht in Gottes Hand. Dir lieber Bruder habe ich schon lange nicht ein Lebenszeichen gesendet und so will ich denn das Versäumte nachholen und Dir von meiner Reise hierher und von meinem hiesigen Aufenthalt berichten.

Am 12. Januar verließ ich mit den übrigen zum Regiment Rechten versetzten Offiziers und Mann-

schaften Dresden. Ich hatte mir zu meiner Bequem-
lichkeit eine Chaise gekauft und meine Reitpferde
eingespart. Am 16. erreichten wir Guben. Dort stießen noch einigen Offiziere und Mannschaften sowie
36 Trainpferde zu meiner Abteilung. Am 20. gelangten wir nach Küstrin; wir fanden unterwegs gute
Quartiere. Von da ging der Marsch weiter über Sol-
din, Deutsch-Krona, Preußisch-Friedland nach Danzig, wo wir am 3. Februar anlangten und ich von
den Offizieren des Regiments Rechten, namentlich
vom Oberst von Bose, vom Oberstleutnant von Einsiedel, der uns bis St. Albrecht entgegenkam und
von Dürfeld, meinem alten Kadettskameraden, jetzt
unser Regimentsadjutant, freundlichst begrüßt wurde.

Ich nahm Quartier im Hotel, erhielt aber nach einigen Tagen eine Stadtwohnung, in der ich gut untergebracht bin. Die Pferde stehen einige Häuser weiter. Meine Chaise konnte ich gleich für 95 Taler ver-
kaufen. Der König hat mir zur Reise hierher 100 Taler geschenkt.

War mir auch Stadt und Umgegend vom Jahre 1807
her noch gut im Gedächtnis, so hat sich doch seitdem manches geändert. Die Befestigungen wurden
vergrößert und verstärkt. Der Handel hat durch die
Kontinentalsperre sehr gelitten, doch ist immerhin
ein wohlhabender Bürgerstand vorhanden. Trotz der
strengen Absperrung der Küste werden doch viele
englische Waren gepasst. Das Haff und die Neh-
rung sind für die Fruchtbarkeit des Bodens bekannt.

Bald nach meiner Ankunft traf die Nachricht ein,
dass die Regimenter König und Niesemeuschel und
die Garde du Corps am 10. und 11. Februar von
Dresden abmarschiert wären, man wüsste aber
nicht wohin. Ein Transport von 105 Rekruten für un-

ser Regiment ging denselben Tag von Meißen nach hier ab. Von weiteren Kriegsvorbereitungen war gegen Ende des Februar die Rede. Wir erhielten die sichere Nachricht, dass alle Kontingente bis zum 1. März marschbereit sein müssten und dass das Hauptquartier des 7. Korps, zu welchem die meisten sächsischen Regimenter bestimmt wären, unter General Reynier nach Guben verlegt worden wäre.

Auch für uns traf am 5. März die Ordre ein, dass sich das 1. Bataillon zum Marsch bereit zu halten hätte. Es hatte am 8. vor den Generalen Grandjean (Divisionskommandant) und Ricard (Brigadier) Revue, wobei letztere sich über den Zustand des Bataillons recht zufrieden aussprachen aber verlangten, dass doch alles nur 3 Fourgens mitnehmen dürfe. Auch erhielt das Bataillon von den Franzosen 2 6pfd. Geschütze, zu denen wir die Bedienungsmannschaft und die Bespannung zu stellen haben. Zugleich trafen auch die Rekruten aus Sachsen ein und wurden dem Gouverneur vorgestellt, wofür die ausgedienten Leute und die Invaliden nach Sachsen entlassen werden sollen. Alle überkompletten Rekruten würden, hieß es, nach Torgau geschickt, um an den dort anzulegenden Festungswerken zu arbeiten. Weitere Nachrichten besagten, dass in Sachsen 30.000 Bayern unter Befehl des General Gouvion St. Cyr, von denen die eine Hälfte über Meißen, die andere über Dresden marschieren würde. Ihnen soll die italienische Armee unter dem Herzog von Abrantes folgen.

Am 21. rückten französische Truppen über Honitz gegen Bromberg weiter. Hier trafen ein Generalstabsoberst des Prinzen von Neuchatel sowie ein Ordonnanzoffizier des Kaisers sowie mehrere kaiserliche Equipagen ein. Das hier stehende württembergische Regiment erhielt ebenfalls die Weisung, dass es zum mobilen Korps stossen würde. Von den Russen heißt es, das sich ihre Hauptmacht gegen Galizien konzentriert.

Am 31. endlich traf die Ordre meiner Versetzung zum 1. mobilen Bataillon und zugleich die Weisung ein, uns zum 9. April marschbereit zu halten.

Ich habe die jetzige ruhige Zeit benutzt, um einmal das französische Exerzierreglement zu übersetzen, nach welchem fortan exerziert werden soll, ferner habe ich einen Plan von Danzig gezeichnet und endlich fleißig französische Stunden genommen, um im Sprechen recht sicher zu werden. Das Leben ist hier äußerst gefällig, während des Faschings gab es viele Familien- und Gesellschaftsbälle, zu denen ich durch meine Wirtsleute Einladungen erhielt; auch der Gouverneur und der General Wodzinsky veranstalteten mehrere Festlichkeiten, an denen ich teilnahm. Das Theater ist ziemlich gut und wird von mir häufig besucht. Von meiner Frau und meiner Kleinen habe ich gute Nachrichten: sie sind jetzt in Torgau bei meiner Schwiegermutter.

Bald erhält Du wieder von mir Nachricht: ich muss aber jetzt schließen, weil ich die Kapitäns und Feldwebel des 2. Bataillons zu mir bestellt habe, um mit ihnen die Leute auszusetzen, welche dem 1. Bataillon zugeteilt werden sollen.

Dein Bruder Heinrich

———

Königsberg 28. Juni

Lieber Bruder!

Seit meinem letzten Briefe aus Danzig hat sich für uns nur ein Garnisonswechsel vollzogen, wie Du aus der Aufschrift ersiehst, durch welchen wir uns der russischen Grenze etwas mehr genähert haben. Im Übrigen haben wir nur wenig Neues erlebt, worüber ich Dir berichten werde.

Nachdem uns General Ricard am 2. April nochmals gemustert hatte, rückten wir am 10. April d.h. das 1. Bataillon über Langenau pp. nach Gemlitz, wo das erste Nachtquartier, den andern Tag setzten wir über den Weichselarm und kamen in Folge der kotigen Wege erst Abends 6 Uhr nach Lingenhof. Hier blieben wir bis zum 1. Mai und übten die Kompanien welche auch in Fürstenau, Kl.Maasdorf, Ridenau und Ligenhagen untergebracht waren, fleißig im neuen (französischen) Exerzierreglement. Ich fand bei meinem Wirt, dem Regierungsrat Dallans und seiner Familie die beste Aufnahme und erhielt die unverkennbaren Beweise einiger Teilnahme und Freundschaft. Das andere Bataillon war unterdessen aus Danzig aufgebrochen und zu uns gestoßen, so dass das Regiment wieder komplett war. Nur ein Depot blieb in Danzig zurück.

Das Wetter war abwechselnd regnerisch und kalt. Am 30. erhielten wir Marschordre in die Scharpau. Ich war gerade mit dem Obersten zu den Bergräbnisfeierlichkeiten eines kleinen Menonikenmädchens gegangen, zu welcher man uns eingeladen hatte. Nach der Beerdigung war man im Iranerhause wieder zusammengekommen, um Kaffee zu trinken, Karten und Gesellschaftsspiele zu spielen und lustig zu sein, als Assemont, der Adjutant des General Ricard erschien, uns den Abmarschbefehl zu überbringen.

Der Stab kam am 1. Mai nach Großbrunnenhagen, das schon von französischen Artillerietrain belegt war, sodass ich mein Zimmer mit einem Wachtmeister teilen musste. Am 9. quartierte der Stab auf Veranlassung des General wieder nach Lingenort, ich teilte meine Wohnung mit Dürfeld. Unsere Wirtsleute waren sehr gefällige liebe Menschen, die uns den Aufenthalt äußerst angenehm machten. Wie wir hörten, rückten täglich zahlreiche Truppen durch Marienburg, das auch mit Befestigungen versehen wird. Schon am 17. hieß es, dass unseres Bleibens hier nicht mehr lange sein würde; am 29. traf das Avertissement uns marschbereit zu halten, Mehl und Brot auf 6 - 10 Tage mit uns zu nehmen, die Equipage möglichst leicht zu machen, weshalb ich meine weiße Uniform nach Danzig zurückschickte.

Mit Tränen nahmen unsere Wirtsleute, als wir am 31. abmarschierten, von uns Abschied. Am 1. Juni gelangten wir nach Frauenburg. Ich wurde zum Platzkommandanten ernannt; die Stadt war voll Truppen, in der Nacht langte noch 1 Regiment Spanier an. Es fehlte an Allem und von allen Seiten gingen Klagen bei mir ein, sodass ich nicht zur Ruhe kam. Es wurde ein Unteroffizier nach Dresden geschickt, um dort Karten von Kurland, Estland und Russland einzukaufen, denn an dem Ausbruch des Krieges mit Russland war jetzt nicht mehr zu zweifeln. Am 7. erhielten wir Ordre zum Weitermarsch, die Division unter General Grandjean sammelte in Frauenberg und unser 2. Bataillon traf daselbst am 8. früh ein. Am 9. wurde in der Division der Marsch angetreten und an diesem Tag ein Biwak eine Stunde jenseits Heiligenbeil bezogen. Am andern Morgen marschierten wir um 3 Uhr früh 8 Stunden weiter über Brandenburg nach Binnau ins Biwak. Dieses verließen wir am 11. früh 1/2 4 Uhr und trafen Vormittag 10 Uhr vor Königsberg ein. Die Soldaten mussten ihre weißen Pantalons und Gamaschen anziehen und so paradierten wir durch Königsberg. Unser Regiment sah sehr gut aus und Niemand hätte geglaubt, dass wir schon einige Nächte biwakiert hatten. Unser Regiment erhielt 4 Ortschaften jenseits Königsberg als Kantonnementsquartiere angewiesen, nach Neuhausen kam der Stab des 1. nach Mandeln der des 2. Bataillons. Ich erhielt mein Quartier bei einem Prediger, der aus Sachsen gebürtig war. Nahe bei Mandeln stand ein Schloss der Markgrafen, welches aber jetzt vom Erdboden verschwunden ist.

Am 13. erhielten wir Befehl, uns am 14. zur Revue vor dem Kaiser Napoleon auf dem Exerzierplatz bei Königsberg bereit zu halten. Das Regiment, welches sich bei Mandeln formiert hatte, traf am 14. früh 8 Uhr dort ein. Um 11 Uhr erschien der Kaiser. Nachdem die Division manövriert hatte, setzte sie sich bataillonsweise in Kolonne und jedes Bataillon führte allein Bewegungen vor dem Kaiser aus, der zu Fuß war. Ein kaiserlicher Adjutant - wie es hieß de Moton - kommandierte die Evolutionen, die der Kaiser anordnete. Das 1. Bataillon musste ein paar Mal präsentieren und das Bajonett fällen, was nicht sonderlich ging. Hierauf mit gefälltem Bajonett im Sturmschritt marschieren. Das 2. Bataillon formierte Angriffskolonne, während die stehen gebliebenen Züge feuerten pp. und endete ebenfalls mit einem Bajonettangriff. Nachher marschierte die Division beim Kaiser vorbei und brachte ihm ein Vivat. Als wir hierauf wieder nach unseren Kantonnements abrücken wollten, mussten wir auf Befehl des Kaisers in die Stadt marschieren. Alle Vorgesetzte waren darüber sehr bestürzt, weil sie glaubten, dass unser Regiment nun nicht den Feldzug mitmachen würde und General Grandjean vermutete gleich, dass wir aus dem Verband seiner Division ausscheiden würden. Bis Abends 9 Uhr standen wir auf dem Paradeplatz, um unsere Quartierbillets in Empfang zu nehmen und noch in der Nacht mussten wir das 8. westfälische Regiment von Wache ablösen, da letzteres am 15. vor dem Kaiser die Revue passieren sollte. Am halben Tage marschierte die Division Grandjean ohne uns ab, am 16. folgten die kaiserlichen Garden. Am 18. wurde unser 2. Bataillon nach Pillau detachiert. Man erzählte sich hier, dass der Kaiser bei Wehlau auf der Pregel herumgefahren sei und die Schiffer durch Geschenke aufgemuntert habe fleißig zu arbeiten, damit die Armee bald mit Vorräten versehen würde, doch glaubte man damals nicht, dass der Krieg nicht vor 14 Tagen ausbrechen würde. Es rückten auch einige preußische Depotbataillone ein, die fast nur aus Rekruten bestehen und teilweise hier bleiben sollen. Von uns sollen die Regimenter Low und Prinz Johann Chevauxlegers ebenfalls hierher kommen.

Königsberg ist mir vom Jahre 1807 noch bekannt. Meine Wirte sind sehr nette liebe Leute. Auch einen weitläufigen Verwandten des preußischen General von H. habe ich hier kennengelernt und war nämlich bei ihm zu Tisch geladen. Nachher besichtigte ich mit meinen Wirten und deren Freunden das Haus und den Garten, in welchen sich früher der König und die Königin von Preußen den Sommer über aufgehalten hatten: dem Kaiser war der Aufenthalt daselbst zu eng und dumpfig gewesen und hatte er deshalb vorgezogen, in der Stadt im Schloss zu wohnen. Das Theater ist ein recht schöner Bau, nur sind sonderbarerweise statt der Kulissen ganze Wände. An der Orchesterseite oben befindet sich ein Transparent, die Ankündigung des nächsten Stückes.

In der Zeitung las ich, dass die Pforte mit Russland Frieden geschlossen hätte, die Moldau und Walachei zurück erhalten würde und sich dafür verpflichtet, 60.000 Mann Hilfstruppen zu stellen. Ob das wohl wahr ist? Gestern erhielt wir hier die den 22. Juni vom kaiserlichen Hauptquartier Wilkomioky veröffentlichte Proklamation des Kaisers:

Soldats! La seconde guerre de la Pologne est commencée. La première c'est terminé à Friedland et à Tilsit. A Tilsit la Russie à juré éternelle alliance à la France et guerre á l'Angleterre. Elle viole aujourd'hui son serment. Elle ne veut donner aucune explication de son étranger conduite, que les aigles français n'aient repassé le Rhin laissent par la nos alliés à sa discretion. La Russie est entrainée par la fatalité, ses destins doivent en vin la retenir. Nous croirait elle donc de dégénéré? Ne serions nous dons plus les soldats d'Austerlitz. On nous fait choisir entre le déshonneur et la guerre. Le choix ne saurait être douteux. Marchons donc en avant. Passons le Nieren, portons la guerre sur son territoire. La seconde guerre de la Pologne sera aussi glorieuse aux armes françaises, comme la première, mais la paix, que nous conclurons, portera avec elle sa garantie et mettra un terme à la funeste Influence, que la Russie a exercé depuis 50 ans sur les affaires de l'*Europe. Napoleon

Nach dieser Proklamation dürften, wie es hierauf heißt, die Feindseligkeiten bereits begonnen haben. Von meiner Frau und Kind, nach denen ich große Sehnsucht habe, erhielt ich gute Nachrichten, ebenso vom Onkel, der nach Karlsbad gegangen ist und von Jeanette. Bald mehr. Heinrich

———

Königsberg 24. August

Lieber Bruder!

Heute schreibe ich Dir noch einmal von hier aus, es wird wohl aber das letzte mal sein, denn eben ist der Befehl für uns eingetroffen, am 26. nach Tilsit abzurücken. Wir sind also jedenfalls im Begriff, der großen Armee nachzurücken. Laß Dir unterdes noch berichten, was sich seit meinem letzten Brief (Ende Juni) bei uns zugetragen hat.

Am 5. Juli hatten wir vor dem General Hagendorp, dem Gouverneur, Revue, an welcher sämtliche hier stehenden Truppen - 2 Bataillons Garde, 1 Bataillon Polen in französischen Sold, 2 Bataillons Westfalen - teil nahmen. Man erzählte sich, dass der linke Flügel der französischen Armee sehr weit vorgerückt sei und die Russen mit einer Umgehung bedrohe; der Kaiser sei in Wilna. Einer meiner Bekannten, der Kriegsrat Dallmer, hatte einen Brief von seinem jüngsten Bruder erhalten, der 15 Meilen jenseits Tilsit im Russischen steht und berichtete, sie würden aus Magazinen verpflegt und hätten noch keine Not gelitten. Unsere Karten von Russland erhielten wir durch den aus Dresden zurück gekehrten Unteroffizier, der mir Briefe von meiner Frau, vom Onkel, von Jeanette und eine Rangliste mitbrachte. Am 15. verließ uns der bisherige Gouverneur Graf Hagendorp, der als solcher nach Wilna versetzt wurde. An seine Stelle kam der einarmige General Loison. Auch die ersten russischen Gefangenen wurden an diesem Tage hier eingebracht. Es hieß, dass der Herzog von Reggio Wittgenstein bei Wilkowysky eine Schlappe beigebracht habe.

Am 17. marschierte das Regiment Johann Chevauxlegers hier durch und wurde in den Dörfern vor dem Königstor verquartiert. Vetter Philipp besuchte mich. Auch General Watzdorf kam mit Schreibershofen am 21. hier durch. Am 23. rückte das Regiment Low ein. Ich ritt ihm ein Stück (bis zum Naßgärtner Tor) entgegen. Am 26. hatten wir große Revue auf Königsgarten, an welcher auch unsere Chevauxlegers teilnahmen. Low ist noch ganz nach sächsischer Art formiert und exerziert. Durch den preußischen Major Tippelskirch, der als Kurier durchkam, erfuhr man, dass das preußische Korps zwischen Mitau und Riga bei Orloff einen Sieg über die Russen erfochten hatte, sodass letztere bis Riga zurück gegangen wären. Am 29. kamen abermals russische Gefangene an; am 30. erhielten wir die Nachricht, dass der Kaiser in Witebsk sei und Bagration bei Smolensk und von dem Kaiser Alexander abgeschnitten habe. General Rapp, welcher am 4. August hier durch zum Kaiser reiste frug uns, als wir ihm aufwarteten, ob den Soldaten das Essen schmeckte und ob sie Kaffee bekämen. Wie einfältig!

Am 6. kam Marschall Victor, Herzog von Belluno, Kommandant des 9. Korps hierher. Das Regiment Johann erhielt den Befehl, sich marschfertig zu halten, um in die Tilsiter Niederung zu rücken. Sein Abmarsch erfolgte am 9. Vorher hatten wir am 7. Revue vor dem Marschall, dessen Korps in diesen Tagen die Stadt passierte. Nachdem am 12. das 8. westfälische und das Regiment Low nach Gumbinnen zu abmarschiert waren, unterwegs aber Contreordre erhielten und ihnen Rautenberg als Marschziel gegeben worden war, erhielten auch wir am 12. Befehl zum Abmarsch, den wir am 14. antraten. Veranlassung zu dieser Bewegung war jedenfalls das Gerücht, dass sich ein kleines russisches Korps bei Bialystok gezeigt und dort Lebensmittel requiriert hätte. Es war unter dem General Angine eine Marschdivision formiert worden, welche aus 2 französischen Halbbrigaden, dem 8. westfälischen und unsern Regimentern Low und Rechten bestand. Meine lieben Wirtsleute und Bekannten hatten mich noch mit Charpie und Lebensmitteln reichlich ausgestattet. General Gerwin kommandierte unsere Brigade. Den ersten Tag gelangten wir bis Warwangen; unsere Equipage war in Königsberg zurück geblieben; es also zu erwarten, dass wir nach diesem Streifzug dahin zurückkehren würden. Am 15. kamen wir nach Dornau, einem kleinen unansehnlichen Städtchen. Am 16. rückten wir in Schippenbeil ein: ich wurde mit Wolan und Dürfeld bei einem Kaufmann verquartiert. Es hieß dort, die Russen wären in Ortelsburg gewesen; Könemann brachte uns aber die Nachricht, dass das angebliche russische Korps aus 800 Kosaken bestünde, welche von ihrer Armee getrennt in den Wäldern sich aufhielten und Lebensmittel requiriert hätten.

Da die Schippenbeiler Schönen Lust zum Tanze hatten, gab ich mein Zimmer her, in welchem von Abends 10 Uhr bis früh 1/2 3 Uhr flott getanzt wurde und selbst da hatten sie noch nicht genug.

Wir erfuhren ferner, dass Reynier sich mit Fürst Schwarzenberg vereinigt und die Russen unter Tormassow geschlagen habe. Die Schlacht habe 2 Tage gedauert, Tormassow über 2.000 Mann an Toten verloren und den Rückzug angetreten. Leider teilten uns Berliner Zeitungen mit, dass General Klengel mit den Regimentern König und Niesemeuschel sowie einem Detachement Husaren am 27. Juli bei Kobryn von den Russen gefangen genommen worden wäre.

Schippenbeil, dass übrigens eine hübsche Lage hat - es ist von 3 Seiten von der Alle und von einer Seite von der Guber umflossen, hat also auch einigen militärischen Wert - verließen wir am 21. Abends 9 Uhr. Die französischen Regimenter waren schon am 20. abmarschiert, ebenso General Gerwin. Am 22. früh 9 Uhr langten wir wieder in Warwangen an, sehr ermüdet von dem Nachtmarsch, der uns mehr angestrengt hatte, als wenn wir in der Hitze marschiert wären.

Am 23. Mittags erfolgte unser Einmarsch in Gala in Königsberg. Doch kaum waren wir wieder in unseren alten Quartieren und von unsern Freunden freudigst begrüßt worden, als uns der Befehl zuging, binnen 3 Tagen nach Tilsit abzugehen. Nach der Mitteilung des Gouverneurs würde das 1. Bataillon in Tilsit in Garnison bleiben, das 2. nach Labiau rücken. Ich habe mich daher heute hingesetzt, um den Onkel, Langenau und Dir zu schreiben, denn es scheint mir doch nicht unmöglich, dass wenn wir einmal in Marsch gesetzt sind, man uns noch ein Stück weiter gehen lässt, zumal das 7. Korps sich ebenfalls in und um Tilsit befindet. Jedenfalls erhältst Du von mir wieder Nachricht sobald ich Zeit habe, Dir zu schreiben. Von meiner Familie und Torgau habe ich Gottlob gute Nachricht.

Dein Heinrich

―――

Minsk 22. September

Lieber Bruder!

Meine Ahnung hatte mich nicht getäuscht. Da sind wir hier schon mitten in Polen, unsere armen Leute eine halbe Stunde von der Stadt in miserablen Reisighütten ohne Stroh bei vielem Regen. Wir Majors wurden bei einem Juden in der Stadt untergebracht, bis uns Graf Szapsky aus Gefälligkeit ein paar Stuben abtrat. Da sitzen wir nun da und schreiben an unsere Lieben in der Heimat: dann wollen wir uns, da das Wetter besser geworden ist, Stadt und Umgebung ansehen.

Wir marschierten also am 26. früh um 2 Uhr aus Königsberg, Dallmers hatten bis zum Abmarsch Gesellschaft geleistet. Wir hatten einen Marsch von 12 Stunden bis Labiau, dass nahe dem Kurischen Haff an der Deine liegt. Letztere verbindet den Pregel mit dem Haff. Auch geht von da ein Kanal in die Memel. Am 27. brachte uns ein 8stündiger Marsch nach Mahlanken. Am 28. rückten wir in Tilsit ein, dass bei seinen 500 Feuerstellen schon den Marschall Victor und gegen 10.000 Mann seines Korps zu verquartieren hatte. Am 30. brach derselbe aber mit seinem Korps über Kowno gegen Wilna auf, dafür rückten das Regiment Low und das 8. westfälische Regiment ein sowie am 31. unsere Rekruten aus Danzig.

Am 3. September kam auch unser 2. Bataillon aus Labiau an und am 5. marschierten wir von Tilsit ab. Kurz vorher hatte ich einen Brief vom Onkel (vom 17. Aug.) erhalten, der mir schrieb, das das Regiment meines Schwiegervaters, Prinz Max, Ordre nach Berlin erhalten hat und dem Herzog von Castiglione unterstellt wird. In welcher Angst wird sich mein armes Weib befinden, wenn sie hört, wie weit wir schon vorgerückt sind.

Am 6. war unser Nachtquartier Johannisberg, ein polnisches Städtchen: ich erhielt mit Major Wolan Quartier bei einem deutschen Bauern. Wir mussten uns für unser Geld beköstigen. In Gielpudizcky Kuraly fanden wir am 7. eine gastfreie Aufnahme bei Herrn von Mülsen. Am 8. war unser Marschziel Poniemen, das Gut eines polnischen Generals. Die Bewirtung war auch hier gut, das Haus baufällig. Unser Marsch führte uns an dem rechten Ufer der Memel herauf. Das jenseitige russisch-polnische Ufer war mit netten Städtchen und Dörfern besetzt, während wir auf unserer Seite nur selten auf ein Dorf oder Schloss stießen. Am 9. Nachmittags 3 Uhr erreichten wir Kowno, wohin eine Floßbrücke über die Memel führte. Die Stadt ist zwar ziemlich groß aber schlecht gebaut und meist von Juden bewohnt. Die Offiziere erhielten Quartiere in der Stadt, die Mannschaften biwakierten vor derselben. Durch Plünderungen der Franzosen und Polen hatte Kowno sehr gelitten.

Ich benutzte den Rasttag am 10. um mit Wolan die Festungswerke zu besichtigen, welche ziemlich hoch zwischen Wilna und Memel liegen und alle umliegenden Höhen beherrschen. Die sonst offenen Werke waren durch Pallisadierungen bis ans Wasser abgeschlossen. Wir fassten auf je 3 Tage Brot, Fleisch und Zwieback und marschierten am 11. nach Rumszyszky weiter. Alle Dörfer, welche wir passierten, waren von den Einwohnern verlassen, alle Fenster waren eingeschlagen, die Dächer abgedeckt, überhaupt war alles verwüstet. Das Regiment biwakierte, wir Offiziere kamen in ein großes Haus, dicht an der Memel.

Am 12. gelangten wir bis zu einem Schloss der Fürsten Opulinsky, der bei der litauischen Garde stand, das in der Nähe von Zizmery liegt. Am 13. rückten wir in das Lager bei Jewin. Auch hier waren die Ortschaften von den Bauern verlassen, die Häuser ausgeplündert und zerstört. Nur einige Juden waren da geblieben. Endlich am 16. Nachmittags um 6 Uhr erreichten wir Wilna; da wir aber keine Quartiermacher vorausgeschickt hatten, bekamen wir Offiziere sehr schlechte Quartiere. Die Mannschaft wurde in Kasernen untergebracht, wo weder Platz noch Stroh noch Holz war. Wolan hatte ich es zu verdanken, dass wir ein etwas besseres Quartier erhielten.

Wir haben hier wieder Rasttag. Graf Hagendorp, der frühere Gouverneur von Danzig, hatte hier diesen Posten inne. Ihn und dem sächsischen Gesandten, General von Watzdorf (als Gesandter im diplomatischen Hauptquartier), statteten wir einen Besuch ab. Meinem Freunde Schreibershofen, Adjutanten bei letzterem, übergab ich einen Brief an meine Frau zur Besorgung. Abends war Ball bei Gouverneur, wo die schöne Welt aus der Stadt sich einfand. Wir erfuhren hier den Sieg Napoleons am 7. bei Mosaik, das 13 Meilen von Moskau liegt, nach welchem N. die Verfolgung der Russen fortsetzte. Nach Windnicki am 16. gelangten wir sehr spät, weil wegen des Brotfassens der Marsch erst spät angetreten wurde. Der Pfarrer, bei welchem ich Quartier erhielt, war durch die vorherigen Durchmärsche rein ausgeplündert worden. Auf dem Schloss, jetzt Ruine, residierte einst der polnisch-litauische König Jagiello.

Am 17. hatten wir einen Marsch von 3 Meilen bis Oszmiana. Unser Soldaten wurden in der Stadt einquartiert, wir Offiziere im Dominikanerkloster untergebracht. Der Verlust der Russen am 7. soll 60.000 Tote und Verwundete betragen. Die Russen brachten alle Truppen ins Feuer, sogar die Garden, während die französischen Graden nicht ins Feuer kamen.

Smorgonin, ein elendes Städtchen, war am 18. unser Nachtquartier nach einem Marsch von 4 ¹/₂ Meilen, dort wurden sowohl Offiziere wie Mannschaften einquartiert. Wir Stabsoffiziere kamen in die Schankstube eines Juden zu liegen. Die Umgebung von Wilna war nicht so verwüstet als die von Kowno; die Bauern waren in ihren Dörfern geblieben, die Felder zum Teil abgeerntet, zum Teil stand die Frucht noch, wo Boden oder Klima das Reifen verzögert hatte. Überhaupt schien das Land recht fruchtbar und gut angebaut zu sein. Die Mauern der Häuser bestanden aus übereinander gelegten Baumstämmen. Sie waren mit Stroh oder Schindeln gedeckt. Statt der Fenster waren kleine Löcher angebracht, die mit einem Schieber geschlossen werden konnten.

Die nächsten Nachtquartiere waren am 19. Molodzinzno, wo wir spät ankamen und ich bei einem Professor des dortigen Seminars logierte, am 20. Radoskowikza, gestern nach einem abermaligen Marsch von 5 Meilen erreichten wir Minsk. Ich schrieb heute auch noch an Franziska, an Jeanette und an Dallmers nach Danzig. Der Kaiser ist am 14. in Moskau eingerückt. Trotz der ziemlichen Strapazen und des schlechten Wetters befinde ich mich wohl. Unser Marsch geht morgen weiter nach Smolensk. Vielleicht kann ich Dir von dort wieder Nachricht geben.

Mit herzlichem Gruß

Dein Bruder Heinrich

———

Biwak bei Sienno 3. Novembr.

Lieber Bruder !

Ich bin nicht dazu gekommen, Dir von Smolensk aus zu schreiben. Es war auch nicht viel zu berichten. Jetzt, wo wir mit dem Feinde in Kontakt sind, der in unserer linken Flanke steht, möchte ich die Gelegenheit nicht vorübergehen lassen, Dir noch einmal Nachricht zu geben. Ich hoffe, dass Du diesen Brief erhält, wenn er nicht den Kosaken in die Hände fällt.

Ein Marsch von 5 Meilen brachte uns am 23. September von Minsk nach Smolomicze, einem elenden Dorfe an der Straße nach Smolensk, in welchem wir nur noch 5 Juden antrafen. Am 24. kamen wir nach Borisow, einer mittleren Stadt an der Beresina. Wir Majors wohnten in einem leerstehenden Hause. Am 25. übernachteten wir in Nacza, was ganz von Einwohnern verlassen war. Am 26. hatten wir nur einen Marsch von 3 Meilen, während die vorhergehenden Märsche 4 1/2 - 5 Meilen groß gewesen waren, bis Bobr, einer mittelgroßen Stadt, die bewohnt war. Es regnete seit dem 25. fast ununterbrochen; die Straße führte meist durch Waldungen. Für den 27. sollte unser Nachtquartier Kochanowc sein, da dies aber zu weit war, wurde nur bis zur Kreisstadt Toloczyn marschiert, die wie alle polnischen Städte schmutzig und voller Elend war. Der Weg war besser, weil es in der Nacht gefroren hatte.

Tags darauf, am 28., erreichten wir nach 5stündigem Marsch Kasanowo, ein elendes Dorf an einem Seitenfluss des Dnieper, welches ebenfalls menschenleer war. Orcza, welches wir nach einem Marsch von 4 Meilen am 29. erreichten war ebenfalls ein schmutziges Nest voller Juden. Wir Majors wurden im Franziskanerkloster untergebracht. Hier erhielten wir die erste Nachricht vom Brand von Moskau; es hieß, die Russen hätten die schweren Verbrecher (Galeriens) unter der Bedingung frei gelassen, dass sie die Stadt in Brand steckten; doch seien in den vom Feuer verschonten Kellern noch Lebensmittel auf 6 Monate für die Armee vorhanden.

Am 30. hatten wir endlich einmal Rasttag. Ich benutzte denselben, um das Fässchen Wein abzuziehen, das mir der Onkel nach Königsberg geschickt hatte, ging am Dnieper spazieren und spielte Abends mit Wolan und Petrikowsky einen gemütlichen Tarrok.

Am 1. Oktober, dem Geburtstag meiner Franziska, gelangten wir Mittags nach Dabrowna, einem der Gräfin Lubomirska gehörigen Städtchen am Dnieper wo man sich wieder mit allem nötigen versehen konnte. Es war dort das unwahre Gerücht verbreitet, dass bei Twer eine große Schlacht stattgefunden hätte. Der Ausgang derselben wäre für den Kaiser so prächtig gewesen, dass er beschlossen habe, dort einige Zeit stehen zu bleiben. Am 2. erreichten wir nach einem Marsch von 4 Meilen das letzte polnische Städtchen Lady. Es war von Juden bewohnt, die uns Brot, Fleisch und Gemüse verschafften.

Vom 3. an betraten wir Alt-Russland. In Krasna, das fast ganz von seinen Einwohnern verlassen war, fassten wir Brot, Fleisch, Schnaps und Salz und marschierten dann noch etwa 2 Stunden bis Smilewicze, das bewohnt war und wo teilweise noch Gemüse auf den Feldern zu finden waren. Das nächste Nachtquartier am 4., Barowicza, war ein elendes Dorf, wo die Soldaten sich schlecht befanden und nur Fleisch fassten.

Am 5. Vormittags um 11 Uhr rückten wir in Smolensk ein. Die anmutig am Dnieper gelegene Stadt hatte nach der Schlacht am 17. Juni, wo die Stadt in Brand geschossen, fast die Hälfte der Häuser, darunter die schönsten, verloren. Die wohlhabenden Einwohner waren fortgezogen, nur die ärmeren geblieben. Die Mannschaften wurden in Kasernen untergebracht, wir Offiziere mussten uns Wohnungen suchen. Ich bezog mit den beiden anderen Majors ein kleines Gartenhaus; unser Oberst hatte eine Wohnung von 12 Piecen, die er aber, wie er sagte, für sich und seine Leute brauchte.

Jominy war Gouverneur in Smolensk, Charpentier Gouverneur général. Am 10. wurden nun unser Regiment und Low der 28. Division General Girard des 9. Korps des Marschall Victor zugewiesen. Zugleich traf Abends der Befehl für uns ein, am 12. aus der Stadt zu rücken. Wir erhielten ein Dorf angewiesen, welches unmittelbar unter der Zitadelle gelegen war. Ich fand mit Dürfend eine recht nette Wohnung. Vetter Philipp kam zu mir, um von mir Abschied zu nehmen, da sein Regiment (Johann) mit der Division Daendels gegen Witebsk vorging, weil sich dort Kosaken gezeigt haben sollen. Er brachte mir einige Lebensmittel mit, darunter ein Hühnchen, wofür ich ihm sehr dankbar war. Auch bei uns wurden nun während der Nacht Feldwachen aufgestellt. Die Plätze derselben musste ich am 12. bestimmen. Später blieben sie Tag und Nacht stehen.

General Ricard, der früher uns in Danzig und Königsberg kommandiert hatte, traf ich am 16. in Smolensk. Er kam von Riga und war im Begriff, als Divisionsgeneral nach Moskau zu gehen. Er erzählte uns, dass das 10. Korps noch immer vor Riga stünde; letzteres nicht belagerte sondern blockierte und dass Polock von den Bayern besetzt sei. In die Moskauer Vorstadt und in unser Dorf rückten noch neu eingetroffene französische Truppen ein.

Am 20. erhielten wir Marschbefehl. Ich hatte mir noch einen Braunen gekauft, sodass ich nunmehr ein ordentliches zweispänniges Fuhrwerk für mein Gepäck hatte.

Nach dem unglücklichen Schicksal der Armee in Moskau musste auch unsere Armee den 21. Oktober Smolensk verlassen und gegen Polock marschieren, kamen aber nur bis in die Gegend von Czasniky.

Die Division formierte sich Mittags vor dem Wilnaer Tor, die eine Brigade bildet das 4., 7. und 9. polnische Inf.-Regiment unter General Leyez, wir und Low unter General Villiers. Wir marschierten bis es dunkel wurde. Das Dorf, welches uns als Nachtquartier angewiesen war, erreichten wir leider erst auf Umwegen und nur teilweise, der andere Teil biwakierte. Der General Villiers ist ein sehr lieber Herr. Er war 4 Jahre auf Korfu. Auf der Fahrt nach dem Festlande wurde er von den Engländern gefangen genommen, ranzionierte sich, begab sich nach Paris, wurde dort zum Brigadegeneral ernannt und reiste von da mit der Post hierher.

Wir blieben am 22. (Oktober) in Krasnoi; es regnete sehr, die Soldaten waren schlecht untergebracht und unsere Wagen stießen nicht zu uns, eben so wenig am nächsten Tage, wo wir sowohl wie unsere Mannschaft in Orlowicza seitwärts Lady, einem großen Schloss mit schönen großen Scheunen ein guten Unterkommen fanden. In Dubrowna am 24. erhielt ich gute Nachrichten von meiner Franziska. Von ihrem Vater erzählte sie, dass er Platzkommandant in Stralsund sei. Auch von unserer Schwester erhielt ich einen Brief. Schreckenstein, Thielmanns Adjutant, hatte die Briefe vom 5. und 9. aus Dresden mitgebracht. Orza erreichten wir am 25., abermals erst bei Dunkelheit, weil wir wegen des Brotfassens erst spät abmarschieren konnten.

Auf die Nachricht, dass die Russen unter Wittgenstein das 2. Korps St.Cyr mit den Bayern aus Polock verdrängt hätten und dass letztere über die Düna zurück gegangen wären, rückten wir am 26. nach Smolany und am 27. weiter nach Sienno, dass wir aber an diesem Tag nicht erreichen konnten, sondern zwei Stunden diesseits in einem Dorfe Unterkunft fanden. Am 28. marschierten wir durch Sienno nach Zamoszeze. Dort erhielten die Wagen den Befehl zurückzubleiben, dem zufolge ich meine Sachen umpacken musste. Die Unterkunft die ich mit Wolan teilte, war bei einem Juden und sehr schlecht.

Am 29. wurde Smoliantsy bei Czasnicky Nachmittags 3 Uhr erreicht. St.Cyr lag verwundet in letzterem Ort. Sein Korps stand 8 Stunden weiter vorwärts. Die Russen, deren Hauptmacht bei Uszacz stehen sollte, waren über die Düna gegangen, hatten die Franzosen und Bayern verfolgt und ihnen großen Schaden zugefügt. Unsere Brigade quartierte sich für die Nacht in Smoliantsy.

Am 30. rückte sie bei Tagesbruch aus, nahm Stellung, rückte bald darauf aber wieder ein. Es hatte die Nacht gefroren und es war sehr windig. Nachmittag wurde wieder ins Gewehr getreten, da die Nachricht eingetroffen war, dass sich ganz in der Nähe Kosaken gezeigt hätten. Wir bezogen eine Stellung zwischen Smoliantsy und Czasnicky an einem Gehölz, in der wir auch die Nacht hindurch stehen blieben und in deren Nähe biwakierten.

Am 31. früh 3 Uhr verließen wir unser Biwak und rückten wieder in die Stellung vom Tage vorher. Unterdessen war die russische Avantgarde bis in die Nähe von Czasnicky gelangt. Sie eröffnete ein Geschützfeuer auf unsere Stellung, durch welches das Regiment einen Verlust von 7 Toten und 11 Verwundeten erlitt. Um 1 Uhr traten wir über die Lukoemliabrücke den Rückzug an, die Schützen des Regiments unter den Leutnants von Franken und von Koppenfels hatten denselben zu decken. Eben hatte Franken den von Koppenfels befehligten Schützenzug weiter vorgeschoben, als er vom Regiment, welches unterdes soweit zurückgezogen wurde, dass das feindliche Geschützfeuer ihm nicht mehr schaden konnte, den Befehl erhielt, ebenfalls sich mit den Schützen über die Brücke zurückzuziehen. Koppenfels, der keine Kenntnis von diesem Befehl erhielt, blieb mit 30 Schützen noch 2 Stunden lang auf dem jenseitigen Ufer stehen und schloss sich den polnischen Tirailleurs der Brigade Leyez an. Endlich, nachdem er durch eine Flintenkugel am rechten Arm verwundet worden war, ging auch er auf wiederholten Befehl des Regiments auf dieses zurück. Ein Tagesbefehl des General Girard, datiert vom Biwak bei Czasnicky am 1. November lobt die Unerschrockenheit, welche die Truppen im Gefecht am 31. gezeigt hätten, namentlich die französische, sächsische und polnische Regiments-Artillerie unter Kapitän Vandierez.

Der Brigadegeneral ließ jeden Tag, nachdem er mit mir die Stellung zur Nacht beritten hatte, durch mich die Sicherheitsposten ausstellen und zog mich zu allem, was die Verbindung zwischen ihm und seiner

Brigade betraf, dadurch ward mein Dienst sehr erschwert; ich fand aber so viel Wohlgefallen an dieser Auszeichnung, dass ich gern einige Stunden Ruhe entbehrte, was mir bei meiner übrigens festen Gesundheit nicht fühlbar wurde.

Am 1. November mussten wir wieder früh 3 Uhr ins Gewehr treten: im Biwak, das wir nach dem Gefecht hinter dem Dorfe Smoliantsy bezogen hatten, war es sehr kalt gewesen. Es wurde bis 1 Stunde von Kasnagera marschiert und wieder biwakiert. Die Russen waren verschwunden; die Kosaken sollen einige Nachzügler weggefangen haben. Wieder war die Nacht sehr kalt. Um 2 (gestern) gelangten wir bis 1 Stunde von Sienno, abermals hieß es biwakieren. In einem nahen Gehöft habe ich ein leidliches Unterkommen. Eben sind auch unsere Wagen angekommen, sollen aber zum großen Fuhrpark des Korps stoßen. Die Zahl der Kranken hat sehr zugenommen; sie sollen alle noch heute nach Sienno geschafft werden. Vom Regiment Low borgten wir uns soviel Geld, dass wir unserer Mannschaft auf 5 Tage vorschussweise Löhnung auszahlen konnten.

Da 2. Korps hat sich nunmehr mit dem unsrigen vereinigt; auch sollen von Minsk her frische Truppen im Anmarsch sein. Die Wunde von Koppenfels ist bloß Fleischwunde. Übrigens heißt es, Marschall Victor habe das Gefecht am 31. bloß darum angenommen, um dem 2. Korps Zeit zu lassen, sich auf uns zu ziehen.

Mag nur an allem dem etwas wahres sein, so viel ist gewiss, dass seit dem Rückzug des 2. Korps von Poloczk unsere linke Flanke und die große Straße nach Wilna bedenklich gefährdet erscheint. Von der großen Armee haben wir nun schon längere Zeit keine Nachricht. Ich fürchte, es steht dort auch nicht gut. Gebe Gott, dass ich mich irre, sonst steht es schlimm mit uns.

Dein Heinrich

———

Die gesetzten Befürchtungen sollten leider nur zu bald sich bewahrheiten. Die Postverbindung mit der Heimat wurde unterbrochen und so folgen dann nur die Tagebuchblätter zur weiteren Vervollständigung.

4. November Nachmittags 3 Uhr einige Stunden in der Richtung auf Minsk weitermarschiert. Nachtquartier in Holiewoly mit dem Obersten zusammen. Beide Korps biwakieren neben einander.

5. November Weitermarsch etwa 3 Stunden bis Taubingew bei Czernjev. Die Wege sind so schlecht, dass wir erst um 4 Uhr eintreffen. Die Offiziere werden in Scheunen untergebracht, die Mannschaft biwakiert.

6. November Rasttag. Die russische Abteilung, die uns am 31. vor. Mts. gegenüber gestanden hat, soll nur 6.000 Mann stark gewesen sein. Man begreift daher nicht, warum Marschall Victor soviel zurückgegangen ist, ohne sich zur Wehr zu stellen.

Die Soldaten fangen an, Häuser und Scheunen einzureißen, um Brennholz im Biwak zu haben; überhaupt verwüsten sie alles, was sie nicht selbst verzehren oder brauchen können. Daher fehlt es auch schon am Nötigsten. Das Korn, welches da ist, kann nicht gemahlen werden, weil die Mühle ruiniert ist. Zum Glück hatten sie noch soviel Mehl hier, dass sich damit die Division auf 2 Tage versorgen konnte.

7. November General Villiers traktierte mich heute früh mit etwas sehr seltenem, mit Schnaps; ich ließ mir zu Hause 4 Brote backen, kaufte mir Butter

dazu und pflegte mich in der warmen Stube, denn draußen war es kalt und windig, auch musste ich darüber wachen, dass mir die Polen, Franzosen oder Schweizer nicht das Haus einrissen.

8. November nach Czerngo an der Ulla, eine mittlere Stadt. Leider hatten die einmarschierenden Truppen die Verkaufsläden der Juden eingeschlagen und geplündert, so dass es nichts mehr zu kaufen gab. In der Stadt vom 7. – 8. griffen die Russen die Kavallerie unseres Korps bei Sulkanla an. Diese verlor erst ein Dorf, nahm es aber wieder in Besitz und trieb die Russen mit einem Verlust von 100 Gefangenen zurück. Unser Regiment Johann soll sich dabei sehr gut benommen haben.

9. u. 10. November in Czerngo Ein württembergischer Offizier kommt aus Minsk und erzählt, dass er Borisow nicht habe passieren können, weil es von Kosaken besetzt gewesen wäre.

11. November Mittags Abmarsch der Division nach Starnewicza, 1 Stunde vorwärts in der Richtung auf Poloczk. Biwak. Ich übernahm das 2. Bataillon, da Major von Petrikowsky infolge eines Bruchs, den er sich durch einen Sturz vom Pferde am 31. Oktober zugezogen hat, nicht mehr das Kommando des Bataillons führen kann.

12. November Vormarsch auf Smoliantsy. Wir gehen, Lukowna links lassend, auf einem Feldwege vor. Unsere Avantgarde engagiert sich gleich am ersten Dorfe mit den Russen und treibt dieselben bis auf 2 Stunden von Smoliantsy zurück. Ich bin du jour, muss daher im Biwak bleiben, wo es empfindlich kalt ist.

13. November der Vormarsch wird fortgesetzt. Wir kommen links vom Smoliantsy an ein Dorf ins Bi-

wak. Ich finde beim Oberst ein Unterkommen. 3 Kürassier-Regimenter treffen beim Korps ein.

14. November Wir rücken früh gegen das von den Russen besetzte Smoliantsy, so dass das Dorf rechts vor uns war. Unser Regiment kam links von S. in eine Vertiefung zu stehen, so dass das feindliche Geschützfeuer, welches auf die andern auf der Höhe stehenden Truppen gerichtet war, meist über uns weg ging. Doch erhielt Oberst von Bose eine bedeutende Kontusion von einer Kanonenkugel mit Bruch des Oberarms. Oberst von Einsiedel übernimmt das Kommando des Regiments, ich das Kommando des 2ten Bataillons erhielt. Letzteres wird nun soweit zurück genommen, dass es rechts vor S. zu stehen kommt, zugleich erhält das 1. Bataillon den Befehl, Tirailleure vorzuschicken. Die Russen haben ebenfalls ihre Tirailleure am Dorf aufgestellt. Die 1. Division geht zuerst zum Tiraillieren vor, da sie aber zu schwach ist, wird sie ehebaldigst durch die 2. Division unter Kapitän von Obernitz verstärkt. Endlich wird auch noch die 3. Division vorgezogen. Unsere Tirailleure gehen, das Dorf rechts lassend, vor. Die Russen hatten die ihrigen teils hinter den Häusern teils in einen Hohlweg nahe einem Teiche verborgen in der linken Flanke des vorgehenden Bataillons aufgestellt. Fünf Mal warf das Bataillon die Russen mit dem Bajonett zurück und aus dem Dorf heraus. Da sich die Russen jedesmal auf eine Anhöhe zurückzogen, von wo ihre Geschütze ein heftiges Kartätschfeuer auf unser Bataillon richteten und da außerdem russische Tirailleurs es in seiner linken Flanke zu umgehen drohten, so musste es immer wieder zurückgehen. Als es dunkel wurde und die Soldaten nicht nur ihre Taschenmunition sondern auch einen Teil der nachgefassten ver-

schossen hatten, wurde das Bataillon durch französische Truppen abgelöst und kehrte zur Brigade zurück. Kapitän von Beulwitz und Sousleutnant von Hack starben an ihren im Gefecht erhaltenen Wunden. Kapitän Angermann und die Sousleutnants von Könnemann, von Franken, von Drandorff und von Jeschky wurden verwundet. Von der Mannschaft waren 80 – 90 Mann tot oder verwundet.

Gegen Abend wird das Gefecht abgebrochen und ein Biwak 1 Stunde rechts von Smoliantsy bezogen.

Wir verloren viele Menschen, zogen uns aber den andern Tag zurück, deckten die rechte Flanke der großen Armee und waren nach vielen Verlust an Kranken und Maroden, die aus Mangel an Mitteln nicht fortgebracht werden konnten, sehr erschöpft und schwach an Zahl.

15. November die Division rückt früh wieder gegen S. vor und bezieht eine Stellung vor diesem Dorf, aber etwas weiter zurück als Tags vorher: dann wird aber der Rückzug angetreten, welchen die Russen nicht beunruhigen. Wir hatten einen weiten Marsch bis Kosany, ein Dorf 2 Stunden von Lukomla und 3 Stunden von Czereja. Es heißt, dass der Chef des Generalstabs Oberst Dechateau mit der Nachricht eingetroffen sei, dass das 1. Armeekorps über Witebsk im Anmarsch sei. Wir hätten die Russen angreifen sollen und von Poloczk abschneiden.

16. November General Villiers empfiehlt mich angelegentlich dem General Girard. Ich war aber auch fast jede Nacht auf den Beinen, denn General Villiers lässt alles durch mich besorgen, was er haben will. Abmarsch Nachmittags 2 Uhr. Der Marsch sehr beschwerlich, weil wir hinter der Artillerie marschieren müssen. Bei dem Schlosse, in welchem Mar-

schall Victor gelegen hatte, stieß das 1. Bataillon, welches die Avantgarde hatte, auf 40 Kosaken, welche jedoch schnell davon stoben. Nun wurde auch mein Bataillon vor die Artillerie gezogen und weiter marschiert.

17. November früh 5 Uhr Prusg eingetroffen, musste ich mit dem Divisionsgeneral und den übrigen Generälen die zu nehmende Vorpostenkette abreiten.

18. November Ruhe bis Nachmittag, wo einige Schüsse fallen. Es wird aber bald wieder eingerückt. Unsere Schützen auf Vorposten.

19. November Nachmittags Rapport aller Offiziere beim General Villiers. General Girard lässt durch ihn seine Verwunderung und Missfallen über die viele fehlende Mannschaft ausdrücken.

20. November es wird frühzeitig in der Richtung auf Czerego etwas 3 – 4 Stunden weit in ein Dorf marschiert. Regenwetter und schlechte Wege. General Girard will mich zu sich haben, weil sein Adjutanten krank sind. Mir liegt nichts dran. Vetter Philipp kam hier Abends durch: er hatte bei der letzten Affäre eine Hiebwunde am linken Auge und den Schläfen vorbei erhalten, war aber trotzdem wieder vorgegangen und von seinem Oberst und dem französischen General sehr belobt worden.

21. November Weitermarsch bis Czerego, wo übernachtet wird.

22. November Mittags verlassen wir Czerego und marschieren 2 Stunden auf der Straße nach Borisow bis Cholniewicze. Die Arrieregardenkavallerie wird beim Ausmarsch aus Czerego von den Russen angegriffen, warf sie aber zurück. Die Wege sind

schlecht. In der Nacht muss ich wieder auf und noch Vorposten aussetzen.

23. November Marsch in der Division 4 Stunden bis Berwsk. Division Partouenaux hat Affäre mit den Kosaken, drängt sie aber zurück. Schlechte Nachrichten von der großen Armee: die Pferde ohne Futter, große Verluste an Geschützen und Munition. Es hat gefroren.

24. November Abmarsch mit Tagesanbruch bis Klon, 4 Stunden. Wir haben die Avantgarde. Die übrigen Divisionen waren mit dem Feind engagiert, wir hörten ihr Artilleriefeuer.

25. November bis Latschka an der großen Straße von Smolensk nach Minsk. Wir kommen erst Abends an. Schlechtes Biwak. Der Kaiser hatte am 24. dort übernachtet.

26. November Borisow. Die Russen hatten, als Marschall Oudinot sie am 24. daraus vertrieben hatte, die Brücke über die Beresina zerstört. Das Artilleriefeuer währt bis in die Stadt. Die große Armee geht in der größten Unordnung zurück. Der Kaiser hat 2 Stunden abwärts eine Brücke schlagen lassen.

27. November bis Studienka, wo Marschall Oudinot 2 Brücken über die Beresina geschlagen hat, eine für Fuhrwerke die andere für Fußgänger. Ein Tross von 2.000 Wagen aller Art verhindern das Herüberkommen, auch soll eine Brücke schadhaft geworden sein. Unser Korps, welches zur Arrieregarde bestimmt ist, muss die Nacht rings um eine Höhe die vor S. lag ohne Holz noch Stroh biwakieren. 5 Mann des Regiments erfrieren.

28. November gegen Mittag geht die russische Wittgensteinsche Avantgarde gegen uns vor und

greift zuerst den rechten, gegen 2 Uhr Nachmittags den linken Flügel, wo die beiden sächsischen Regimenter Low und Rechten stehen, an. Rgt. Low zählt noch 500 Mann, Rgt. Rechten 300 Mann unter Gewehr. Wir rücken vor, gewinnen aber nicht Terrain, weil wir zu schwach sind. Vom Regiment bleiben die Kapitäns von Obernitz und von Bose auf dem Platze. Oberst von Einsiedel erhält einen Prellschuss auf die Brust, der ihn aber nicht verhindert, beim Regiment zu bleiben; ich einen Streifschuss von einer Flintenkugel oben auf dem Kopf ohne dass der Knochen der Hirnschale lädiert wird; Kapitän von Döring einen Gewehrschuss durch den Mund; Premierltn. Adjutant von Dürrfeld einen dergleichen durch die Backe; Adj. von Heldreich zerschlägt eine Granate das rechte Bein am Kniegelenk, bleibt in S. liegen und wird gefangen. Ich gehe zurück, um mich verbinden zu lassen, muss aber bis Abends 7 Uhr warten, ehe ich über die Brücke kann. Die Franzosen plündern vor meinen Augen alle dort stehenden Equipagen und ziehen sich in der größten Unordnung zurück. Der Regiments-Chirurg hatte nur etwas Charpie, um mich zu verbinden, denn unser Medizinwagen war ebenfalls ausgeplündert worden.

Kein anderes Mittel als Charpie war vorhanden, dabei täglich die größte Anstrengung, denn wegen der Erschütterung konnte ich selten reiten, öfters nichts zu essen als rohes Sauerkraut oder eine Rübe, des Nachts keine Ruhe unter freiem Himmel, der größte Frost wobei ich Fingerspitzen und Füße erfror.

29. November Unser Regiment passierte früh die Brücke, dann marschierten wir in der Division etwa 5 Stunden bis Siebinge. Meine Reitpferde kamen

mit demselben, dagegen fehlte mein Wagen mit meinem Diener (Stark).

30. November Vierstündiger Marsch. Das Regiment biwakiert; ich finde in einer Scheune ein leidliches Unterkommen; kein Brot zu erlangen und nur mit Mühe etwas Fleisch und Pferdefutter.

1. Dezember abermals 5 – 6 Stunden Marsch in der Richtung auf Wilna. Finde früh Erbsen und kaufe unterwegs Fleisch und Mehl von Soldaten, die sich diese Lebensmittel aus abseits gelegenen Dörfern geholt haben. Abends schneidet mir der Regiments-Chirurg die Haare um die Wunde weg und verbindet sie. Ich kann gehen, habe keinen Schwindel, nur vertrage ich das Reiten schlecht.

2. Dezember wir Verwundeten brechen bereits früh 3 Uhr auf. Das Regiment bleibt zurück, um eine Brücke über einen Nebenfluss der Unna abzubrennen. Als es Tag war, wartete ich in einem Hause, traf dort den Oberstltn. von Polenz von Low und noch einige andere verwundete Offiziere und gehe mit ihnen über Pleszeseniny in der Richtung nach Wilcyka Wolna in einem Dorf von W. übernachten. Da dieses aber von den Russen angegriffen wird, flüchten wir uns bis Wilcyka.

3. Dezember bis Wolodziezno. Wir bleiben die Nacht mit unseren Pferden und 2 Kompanien Badensern in einer Kirche.

4. Dezember Weiter in einem Dorf einige Stunden über Wolodziezno.

5. Dezember ich bleibe zurück, während meine Kameraden weitergehen und komme in dasselbe Dorf, in welches sich das Regiment legt. Dasselbe hatte nebst den Überresten des Regiments von Low die

Brücke über die Usza bei Wolodziezno zu verteidigen. Kapitän von Lichtenhayn kommandierte mit den Leutnants von Brandenstein und von Biela vom Rgt. Low die 60 Gewehrtragenden und wird verwundet. Die nicht eingeteilten Offiziere deckten die Fahnen. Heute sind noch 16 Mann bei der Fahne.

6. Dezember passiere Senorgonie und bleibe in einem Dorf vor Oszmiana.

7. Dezember breche in der Nacht auf und übernachte zwischen Oszmiana und Mindnicky in einer Scheune.

8. Dezember 3 Stunden links von Wilna übernachte ich. Seit gestern nähre ich mich nur von rohem Sauerkraut und Rüben.

9. Dezember mit Premierltn. Dietrich von unserer Regiments-Artillerie nach Wilna. Ein Weinschenk nimmt uns auf. Wie anders als vor bald 3 Monaten. Ruhen uns aus und bekommen eine Suppe.

10. Dezember will die Offiziere des Regiments aufsuchen, die in der Minsker Vorstadt einquartiert sind, da erfolgt ein Angriff der Russen. Großes Gedränge in den Straßen. Marschieren bis in die Nacht und ruhen in einer Scheune.

11. Dezember komme bis Zesznevy und übernachte in einem Dorf links davon.

12. Dezember passiere den zugefrorenen Niemen und quartiere mich in einem Dorfe seitwärts der Straße nach Kowno mit Heldreich, Kirchbach und Ziegler.

13. Dezember marschiere links von Kowno auf Schierwind. Verfehle den Weg, weil ich zu weit links kam, muss umdrehen, begegne dem französischen

Oberst Bakly, mit dem ich noch weitere 3 Meilen gehe und in einem Dorf übernachte.

14. Dezember mit Backly weiter. Bleiben in einem Dorf jenseits Mariopol.

15. Dezember über Wilkowysky, Wirballen bis Stalluyönen. Unterwegs verlieren wir unsere Bedienten.

16. Dezember finden sie in Stalluyönen wieder und gehen über Gumbinnen bis Werdern zum Amtmann Gunsowsky, der uns gut aufnimmt. Von Gumbinnen aus schrieb an meine Frau und an Onkel, in Wedern nach Königsberg an Dallenes.

17. Dezember über Darkehnen, Angebirg nach Fürstenau.

18. Dezember Mittags in Rastenburg, die Nacht in Kößel

19. Dezember über Bischofsburg nach Wartenburg

20. Dezember über Allenstein nach einem Dorf bei Offerode.

21. Dezember Nachtquartier Dorf 1 Stunde über Liebstadt

22. Dezember über Christburg. Fahre nach Heuhof, borge mir dort Geld und Wäsche und bleibe dort über Nacht.

23 Dezember früh bis Marienburg, nehme dort Abschied von Oberst Bakly, der nach Marienwerder geht. Übernachte in Dierschau.

24. Dezember 2 Uhr Nachmittags Ankunft in Danzig. Unser Korps sammelt in Marienwerder, daher der Kommandant auch nicht verquartieren will. Unser Regiments-Quartiermeister Rödiger bringt mich und meine Pferde gut unter und versorgt mich mit allem.

30. Dezember Brief von Dreverhoff aus Königsberg, dass er mit 4 Wagen des Regiments und mit der Offiziers-Equipage dort eingetroffen ist und demnächst hierher kommt. Die Depots sollen nach Sachsen gehen lt. Anordnung dem Ministers von Senfft. Die Witterung so schlecht, dass ich jetzt nicht reisen kann.

――――

Danzig, 4. Januar 1813

Lieber Bruder,

der liebe Gott hat mich wunderbar beschützt. Ich bin seit 24. Dezember hier eingetroffen, allerdings am Kopf verwundet und mit teilweise erfrorenen Gliedmaßen. Doch habe ich mich schon soweit erholt, dass ich hoffe, in den nächsten Tagen mit meinen Pferden den Weg nach Dresden antreten zu können und von da mich einige Zeit nach Chemnitz zu begeben, um mich dort von den Strapazen des Feldzuges im Kreise der Meinen zu erholen, die ich bereits von Gumbinnen und von meiner Rückkehr in Kenntnis gesetzt habe.

Der gute Rödiger, unser Regiments-Quartiermeister, der hier so vorzüglich für mich sorgt, hat die Güte gehabt, die Notizen, die ich mir seit meinem letzten Brief an Dich gesammelt habe, abzuschreiben und sende ich sie Dir zur Vervollständigung meiner Erlebnisse in diesem Feldzuge. Wenn ich in Sachsen bin, schreibe ich Dir wieder.

Dein tr. Bruder Heinrich

22. Januar bis 9. Februar

Der franz. Brigadegeneral Duvilliers hatte an den Sächs. Kriegsminister geschrieben und ihm teils über das Schicksal der Regimenter Rechten und Low allgemeine Nachricht gegeben, aber auch insbesondere sein Urteil über einige Offiziers beigefügt; dass was mich betraf schrieb mir der Onkel und es hieß wörtlich also:

M. le Major Hausen, officier pleine d'intelligence et d'activité, j'ai en me louer particulièrement de cet officier qui m'a été de la plus grand utilité pour la communication et l'exécution des ordres que j'ai en à donner, il a été blessé à la tête le 28 9bre en faisant exécuter avec and au l'un de mes ordres dans un moment très chaud; je le recommande particulièrement à Votre Excellence[3]

---

[3] Der Herr Major Hausen, ein Offizier voller Intelligenz und Tatkraft. Ich mußte mit diesem Offizier besonders zufrieden sein, der für mich bei der Übermittlung und der Ausführung der Befehle, die ich zu geben hatte, von größtem Nutzen war. Er ist am 28. November am Kopf verletzt worden, als er in einem sehr hitzigen Moment mit Kühnheit einen meiner Befehle ausführen ließ. Ich empfehle ihn Euer Exzellenz ganz besonders. Sh. hierzu auch auf www.forum.napoleon-online.de Thema: Beurteilung Major von Hausen, Regiment Rechten

Feldzug 1813

I.Brief

Torgau 14. April

Lieber Bruder,

die schönen Ruhetage, welche ich nach den ent-
setzlichen Strapazen des vorjährigen Feldzugs im
Kreise meiner Familie in Chemnitz erleben durfte
vergingen leider viel zu schnell. Die Kopfwunde, die
ich bei der Verteidigung des Übergangs über die
Beresina erhielt sowie die erfrorenen Gliedmaßen
heilten völlig bei häuslicher und ärztlicher Pflege
und durch den Gebrauch der mir verordneten Stahl-
bäder wurde mein Körper gekräftigt und gestärkt.

So musste ich dann daran denken, wieder in Dienst
zutreten. Am 9. Februar nahm ich von Weib und
Kind Abschied, fuhr nach Dresden, meldete mich
bei dem Chef des Generalstabes, General von
Gersdorf, von welchem ich erfuhr, dass ich in Torgau ein Bataillon des Regiments Rechten zu übernehmen hätte. Nach viertägigen Aufenthalt in Dresden, wobei Onkel wie Schwester Jeanette in Bewei-
sen ihrer Liebe zu mit wetteiferten, fuhr ich nach
Torgau, wo ich am 13. Abends anlangte und einen
großen Kreis von Bekannten antraf. Andern Tags
begab ich mich nach Dommitzsch, um mein aus
Rekruten gebildetes Bataillon zu übernehmen, welches aus 1.000 Rekruten, ohngefähr 16 Unteroffi-
zieren und 6 Offizieren bestand. Doch rückte ich mit
demselben bereits am 20. nach Torgau. Oberst von
Ryssel kommandierte unsere provisorische Brigade.
In diesen Tagen erreichte uns auch das Gerücht,
dass unser Korps – wie Du weißt, da 7. der großen
Armee – welches bis Ende Januar in Warschau gestanden hatte, bei dem weiteren Rückzug bei Ka-

lisch am 12. und 13. von den Russen überfallen und fast ganz aufgerieben worden sei. Zum Glück trafen bald darauf andere Nachrichten ein, den zufolge sich das Korps, allerdings nach großen Verlusten, über die Oder zurückzog.

Ich erhielt die Erfüllung des Traktaments eines wirklichen Majors durch die Verwendung des Generals Gersdorf.

Am 26. Februar übernahm Generalltn. von Thielmann sowohl das Kommando der Festung Torgau als auch der dort befindlichen Truppen. Es sind dies eine Abteilung Artillerie (unter Oberst Birnbaum), das Leib-Garde-Grenadier-Bataillon und die beiden Rekruten-Bataillone von Low und Rechten. Der General hielt am 28. Revue über diese Truppenteile ab und sprach sich sehr zufrieden über ihre Haltung aus. Durch Leutnant von Einsiedel von der Garde erfuhren wir, dass die Überreste unseres Korps in den letzten Tagen zwischen Muskau und Bautzen eingetroffen seien und über Dresden hierher rücken würden. Hätte ich ahnen können, dass wir hier solange in Ruhe bleiben würden, so hätte ich Franziska und Mariechen mit hierher gebracht statt sie in Chemnitz zu lassen. Die meisten verheirateten Offiziere der hiesigen Garnison haben ihre Familien hier und herrscht unter ihnen eine äußerst angenehme Geselligkeit.

Vom Regiment Prinz Maximilian, welches mein Schwiegervater befehligt und welches der Division Morand zugeteilt ist, erzählt man sich, dass es Rügen und Stralsund verlassen habe und über die Elbe zurück gegangen sei; doch fehlen bestimmtere Nachrichten.

Am 21. März kam Marschall Davout, dessen Korps in Dresden steht, hierher und wir machten ihm unseren Besuch. Durch das Sprengen von 2 Bögen und 1 Pfeiler der Dresdner Elbbrücke hat er ich dort äußerst verhasst gemacht und es soll beim Sprengen selbst zu tumultarischen Auftritten gekommen sein. Am Tage nach dem Besuch des Marschalls berief Thielmann alle Offiziere zu sich und gab uns kluge Verhaltensmaßregeln wie sie unsere jetzige Lage erfordert. Er sprach sehr schön und gewandt; nach Beendigung seiner Rede brachten wir ihm ein Vivat.

Unter Befehl des Generalleutnants von Lecoq trafen die Reste unseres Korps unter dem Vorgeben, dass sie reorganisiert werden müssten, hauptsächlich aber um sie den französischen Befehlen zu entziehen, am 27. März hier ein. General von Sahr war schon am 23. angekommen. Die leichte Infanterie und die Grenadier-Bataillone wurden in der Stadt einquartiert; ich wurde infolge dessen mit meinem Bataillon auf den nächsten Dörfern verquartiert. Auch Kavallerie unter Oberstleutn. Mörner rückte ein. General von Liebenau war mit den Kürassieren (wie man sagt gegen den Willen des General Reynier) nach dem in Plauen befindlichen Hoflager abmarschiert. Die Kavallerie-Brigade des Generals von Gablenz hat sich von Kalisch aus auf österreichisches Gebiet zurückgezogen.

Am 31. März rückte ich wieder in Torgau ein, nachdem ich Tags vorher vom General von Steindel gemustert worden war. Es hatte sich nämlich das Gerücht verbreitet, dass die Russen bei Pretzsch über die Elbe gegangen wären.

Aus einem Brief meiner Frau erfuhr ich, dass mein Schwiegervater mit seinem Regiment am 28. in

Bremen angekommen wäre. Weitere Nachrichten erhielt ich vor 3 Tagen durch 2 Soldaten des Regiments, die hier als Ranzionierte eintrafen. Sie erzählten, dass das Regiment am 2. April nach heftiger Gegenwehr bei Lüneburg von den Russen gefangen genommen worden wäre. General Morand und Kapitän von Planitz seien gefallen, mein Schwiegervater und sein Adjutant von Eberstein blessiert. Sousleutnant von Wilkau habe anfangs eine Fahne gerettet, sie aber dann wieder eingebüßt. Franziska und der Schwiegermutter gab ich hiervon sofort Nachricht.

Die Dresdner Elbbrücke wird, wie man so sagt, wieder gangbar gemacht: warum sie also gesprengt worden ist, erscheint unbegreiflich. Jedenfalls war es eine sehr unüberlegte Maßnahme! Wir alle sind äußerst gespannt, auf welche Seite unser König treten wird. Von Plauen ist er jetzt nach Regensburg gegangen. Doch spricht man davon, dass er auch dort nicht bleiben, sondern dass er sich nach Prag begeben wir: wie es heißt, ist er im Begriff, eine Allianz mit dem Kaiser von Österreich zu schließen.

Unter unseren Offizieren wie unter unseren Leuten wird die Stimmung immer franzosenfeindlicher. Die Indisziplin der französischen Armee, welche kennen zu lernen wir im letzten Feldzug genügende Gelegenheit hatten und die sich auch jetzt wieder bei den in Sachsen stehenden Truppen zeigt, indem dieselben unsere Bevölkerung nicht wie Verbündete sondern wie Feinde behandeln; ferner die unnötige Sprengung der Dresdner Elbbrücke haben die Erbitterung immer mehr genährt. Wurden doch dem General Reynier bei einem Straßentumult die Fenster seiner Wohnung im Brühlschen Palais eingeworfen! Wir würden also mit Freuden einen solchen Schritt unseres Königs begrüßen, doch wird derselbe von denen, welche die Verhältnisse genauer kennen, bezweifelt.

Unterdes sind wir eifrigst bemüht unsere Mannschaft wieder kriegstüchtig zu machen, um für alle Eventualitäten gefasst zu sein.

Mir geht es, Gott lob, gut; auch Bruder Clemens ist wohl. Wir grüßen Dich herzlich. Bald gebe ich wieder Nachricht.

Dein Bruder Heinrich

––––––

II. Brief

Chemnitz, 6.Juni 1813

Lieber Bruder,

abermals sitze ich hier im Kreise meiner Lieben, meine liebe Franziska neben mir und meine kleine Marie am Boden spielend. Im höchsten Grade wirst Du verwundert sein, dass ich hier die Friedensschalmei blase, während meine Kameraden draußen im Feldlager auf den Ton der Trommel und Hörner hören. Es kommt mir auch mein jetziges Leben wie ein schöner Traum vor, aus dem ich leider nur zu bald erwachen dürfte.

Ich schrieb Dir zuletzt über unsere Stimmung und über die Unsicherheit unserer Lage. Es dauerte noch einige Zeit, ehe die Entscheidung getroffen wurde; leider war dieselbe nicht nach dem Wunsch der Mehrheit von uns.

Am 26. April kehrte Generalleutnant von Thielmann von Dresden zurück, wohin er sich einige Tage vorher begeben hatte. Seine Stimmung war sehr gedrückt, wie ich zu bemerken Gelegenheit hatte, denn er ist mir seit unserm gemeinsamen Aufenthalt in Warschau von 1807 und 1808, wo er dem Stabe des Generals von Polenz angehörte, immer sehr wohlgesinnt gewesen. Am 27. war sein Geburtstag, zu welchem wir ihn beglückwünschten. Mir fiel auf und auch anderen ging es so, dass er bei unserem Empfang weder die französischen noch den westfälischen Orden trug. Er sagte uns, er hätte nicht geglaubt, dass der Tag, den er nur im Kreis seiner Familie zu feiern gewohnt wäre, einen offiziellen Charakter annehmen könnte; er schreibe diesen Umstand weniger seiner Person als den Zeitläufen zu, in denen wir nicht wissen könnten, was uns der nächste Tag brächte. Dies sei wohl auch der Grund, dass wir uns um so fester unserem Führer anschlössen. Mit dem herzlichsten Dank für dieses von uns an den Tag gelegte Vertrauen schloss er seine Rede, auf welche wir mit einem dreifachen kräftigen Vivat antworteten.

Mittags gaben die Obersten zur Feier des Tages eine Diner von 120 Gedecken. Von dem, was bei dieser Gelegenheit sich zugetragen haben soll, wird viel gefabelt. Der eigentliche Vorgang war etwa folgender: in der Mitte der Tafel erhob sich General Th. und hielt eine Ansprache, worin er zunächst das wiederholte, was er uns am Morgen gesagt hatte. Dann aber ging er auf seine Person über, erzählte uns, welche Unannehmlichkeiten er bereits in einer jetzigen Stellung gehabt hätte. Seiner Meinung nach habe er sich schon soweit verraten und wissen lassen, dass er lieber für die deutsche Sache fechten wollte. Darum sei seine Zukunft, sein Schicksal bestimmt. Er werde nie wieder die Waffen für Frankreich führen. Hierauf kam er wieder auf uns zu reden und ermahnte uns, die Festung dem König zu erhalten und lieber bei ihrer Verteidigung eines ruhmvollen Todes zu sterben, als sie unverteidigt, wem es auch sei, zu übergeben.

Hierauf nahm Generallln. von Sahr das Wort und entschuldigte sich, dass er jetzt, wo man schon so lange zu Tafel gesessen hätte, wo schon so manches Glas Wein geleert worden wäre, kaum im Stande sei, das klar auseinander zu setzen, was er sagen wollte. Aber, fuhr er fort, es stehe bei ihm fest, dass er nur nach dem Willen des Königs handeln werde, gleichviel, ob dieser ein Bündnis mit Russland, Preußen, Österreich oder Frankreich schlösse usw. Im Grunde genommen war das, was er sagte dasselbe, was Thielmann ausgesprochen hatte, als er uns ermahnte, die Festung dem Könige zu erhalten; er brachte aber die Worte so konfus heraus, dass es klang, als ob er glaubte, dass Thielmann nur nach seiner individuellen Ansicht handeln wollte. Die Harmonie des Festes war durch diese zweite Rede gestört, es bildeten sich Parteien, in denen heftig hin und her diskutiert wurde. Nach dem Festzuge, welchen die Bürger Thielmann zu Ehren veranstaltet hatten und nach der gleichzeitigen Illumination der Stadt wurde ein Feuerwerk abgebrannt mit einem T in Brillantfeuer. Hierauf war Ball. Manche meiner Kameraden behaupteten, Thielmann habe die Rolle Wallenstein spielen wollen, das glaube ich aber nicht: ich halte ihn dazu für zu ehrlich. Er teilte den Obersten auch den Inhalt einer königlichen Stafette mit, nach welcher Österreich Frankreich den Krieg erklärt hat.

Von dem Ausgang der Schlacht von Groß-Görschen am 2. Mai hörten wir erst 4 Tage später; dagegen erfuhren wir am 3. das, was vor dieser Schlacht geschehen war, dass nämlich die Franzosen die preußische Besatzung von Leipzig zurück gedrängt hätten. Nachdem aber ihre bei Halle stehenden Truppen von den Verbündeten angegriffen worden wären, hätten sie Leipzig wieder aufgegeben und den Muldenübergang bei Eilenburg verbrannt. Am 4. hieß es, dass die Franzosen abermals Leipzig besetzt hätten und das von ihnen ein starkes Korps über Wurzen wahrscheinlich auf Wittenberg in Marsch begriffen sei. Am 5. hörten wir heftiges Geschütz- und Kleingewehrfeuer in der Richtung auf Wurzen; unsere Vorposten wurden verstärkt.

Mit dem Eintreffen der Nachricht von dem Siege von Groß-Görschen und von dem Zurückweichen der Verbündeten hinter die Elbe wurden unsere, auf dem linken Ufer in Kantonierungsquartieren liegenden Truppen in die Festung beordert. Von Kaiser Napoleon gelangte eine Benachrichtigung an Generalltn. Thielmann, dass Reynier mit seinem Korps auf dem Marsch nach Torgau begriffen sei und dass er letzterem die Festung zu übergeben habe. Er für seine Person solle nach Leipzig kommen. Infolge dessen wurde am 7. Nachmittags Alarmbereitschaft angesagt. Gegen Abend rückte das Reyniersche Korps in der Stäke von etwa 10.000 Mann heran und nahm südlich von Torgau Stellung. Thielmann hatte bei unseren Vorposten mit Reynier eine wohl 1stündige Unterredung. Letzterer hatte geglaubt, dass man ihn ohne weiteres in Torgau einrücken lassen würde.

Von preußischer Seite hatte Th. ein aufgefangenes Schreiben des französischen Ministers Serra, das aus Dresden datiert war, zugeschickt erhalten, in welchem sich letzterer über das Verhalten der sächsischen Truppen in Torgau beklagte und verlangte, dass man sie im Falle des siegreichen Vorgehens der Franzosen zur Rechenschaft ziehen müsste.

Von unserem König erfuhren wir, dass er sich nach Prag begeben habe.

Die Reynierschen Truppen führten sich in den Ortschaften um Torgau, wo sie untergebracht wurden, gräulich auf. In Süptitz schlugen sie alles kurz und klein, in Losswig schonten sie nur das Herrenhaus. Alle Einwohner flüchteten. Unsere Vorposten hielten Zinna und Welse besetzt, aber auch dort räumten die Bauern ihre Habseligkeiten in die Stadt. Eine Division des Reynierschen Korps rückte am 8. weiter, die andere blieb stehen. Tags darauf brachte uns ein Kurier, Graf Friesen, die Nachricht von dem Eintreffen Napoleons in Dresden. Er habe die städtischen Behörden wegen ihrer Hinneigung zu den Verbündeten hart angelassen. Thielmann entsendete den Kapitän von Minckwitz vom Generalstabe zum König nach Prag, um dessen Befehle einzuholen, aber ehe M. zurückgekehrt war, erschien am 10. ein Adjutant Berthiers in Torgau mit dem Befehl unseres Königs an Thielmann, die Festung Reynier zu übergeben. Th. rief uns Nachmittags zusammen, teilte uns diesen Befehl mit und nahm von uns Abschied. Wir waren alle sehr bekümmert und entmutigt über diesen Ausgang und sagten ihm mit tiefer Rührung Lebewohl. Er reiste zum König, um ihn um seine Entlassung zu bitten; hierauf zeigte uns Oberstltn. Aster vom Generalstab ein Schreiben des Generals von Gersdorff, worin ihm derselbe im Namen des Königs auftrug, im Falle einer Erkrankung des General Thielmann an dessen Stelle nach seinem Gutdünken zu handeln. Bisher habe er Generalltn. von Thielmann mit Rat und Tat beigestanden; nun ergreife auch er die Partei Thielmanns und würde seinen Abschied nehmen.

Die Tore wurden bei Zeiten gesperrt, die Besetzung der Brücken-Posten durch die 3. Division meines Bataillons verstärkt. General von Steindel, als Ältester im Kommando, rief uns zu sich und befahl uns, dem Willen des Königs Folge zu leisten.

So wurde denn am 11. Torgau dem General Reynier übergeben, der am Fort Zinna eine Revue über uns abnahm. Den ganze Tag marschierten Truppen durch die Stadt; es war dies das Ney'sche Korps, welches auf den nächsten Dörfern des linken Elbufers einquartiert wurde. Am 12. wurden unsere Truppen in ein Biwak zwischen Werdau und Eulenau gelegt. Ich aber blieb in der Stadt; ich war erkrankt und der Regiments-Chirurgus befürchtete ein Nervenfieber. Die Aufregung der letzten Tage und die geringe Schonung, die ich meinem durch den vorjährigen Feldzug mitgenommenen Körper hatte angedeihen lassen, waren die Ursache davon.

Generalleutnant von Lecoq, der vom König beauftragt worden war, unsere bei Torgau versammelten Truppen zu reorganisieren, bewilligte mir einen längeren Urlaub zu meiner Wiederherstellung und so reiste ich denn, da ich mich etwas besser fühlte am 14. von Torgau ab und traf den 18. hier bei den Meinigen in Chemnitz ein. Unsere Truppen waren am 14. aus ihrem Biwak nach Annaburg pp. abmarschiert.

Ich erhole mich zusehend in der häuslichen Pflege; die warmen Bäder tun mir sehr gut. Liebe Freunde und Bekannte überhäufen Franziska und mich mit Aufmerksamkeiten. Meinen Burschen habe ich mit den Pferden ebenfalls hierher kommen lassen.

Mittlerweile ist unsere Division mit dem Reynier'-schen Korps von Annaburg über Dahme bis Luckau vorgegangen, wo sie am 17. eintraf. Mit letzterem der Ney'schen Armeeabteilung zugewiesen, gelangte sie am 20. nach Hoyerswerda und bildete eine Zeit lang die Vorhut der französischen Armee. Bei Reichenbach am 22. war sie von früh 5 Uhr an 15 Stunden in unausgesetzter Tätigkeit. Bei Görlitz wurde von unseren Sappeuren am 23. eine Brücke über die Neisse geschlagen, da der Feind die stehende verbrannt hatte, dann weiter nach Lauban gerückt und die feindliche Nachhut in fortwährenden Gefechten zurückgedrängt. Unsere Division verlor an 22. und 23. über 700 Man. Diese Nachrichten erhielt ich von Dreverhoff, der mir von Naumburg am Queis schrieb.

Ein Detachement preußischer Husaren hat in diesen Tagen bei Mülsen (in der Nähe von Zwickau) einen französischen Artillerietrain von 25 Geschützen, 40 Kugel- und Munitionswagen nebst einer Kasse von 3.000 Taler weggenommen, die Geschütze und Munition zerstört, die Bedeckung aber zurück geschickt, ohne ich etwas abzunehmen. In Folge dessen rückte heute eine französische Abteilung hier durch, um nach den Preußen zu fahnden, welche sie wohl aber kaum einholen dürfte. General von Lecoq habe ich um Verlängerung meines Urlaubs gebeten, da ja jetzt ein Waffenstillstand abgeschlossen werden soll. Österreich soll auch zum Kriege rüsten.

Mit den herzlichsten Grüßen von uns

Dein treuer Bruder Heinrich

III. Brief

Biwak bei Jahmo, 2. September

Lieber Bruder,

Da wären wir nun wieder nach dem verunglückten Vorgehen gegen Berlin, wobei wir Sachsen am schlechtesten wegkamen, an den Defileen des Fläming und in der Nähe Wittenbergs angelangt. Durch die Uneinigkeit unserer Führer haben wir die Offensive aufgeben müssen und sind zur Defensive übergegangen. Als Entschuldigung sagt man uns, dass der Feind bedeutend überlegen sei; ich kann freilich nicht beurteilen, ob dies wahr ist, aber soviel ist gewiss, dass uns ein einheitliches Vorgehen gegen Berlin voraussichtlich zum Siege geführt hätte, denn auch der Feind hatte, wie man hört, damals nicht alle seine Kräfte konzentriert. Doch genug des Raisonnements, das doch vergeblich ist; ich will Dir lieber erzählen, wie es mir seit meinem Briefe von Anfang Juni ergangen ist.

Am 12. Juni erhielt ich von General von Lecoq die Ordre, sofort beim Korps einzutreffen. Ich kaufte mir noch ein Pferd, überließ meinen Fuchs einem Ökonom bei Chemnitz zur Pflege und fuhr am 13. mit Extrapost nach Dresden. Am 15. reiste ich mit Bruder Clemens nach Görlitz weiter, wo ich am 16. ankam. Vom General von Sahr wurde mir mitgeteilt, dass ich das Kommando des kombinierten Grenadier-Bataillons der 3. Brigade erhalten sollte. Unser Korps ist nämlich, nachdem der Ersatz aus dem Lande eingetroffen ist, wieder in 2 Divisionen formiert, von denen die Erste sowie das Ganze Generallt. von Lecoq, die Zweite Generallt. von Sahr kommandiert. Brigadiers sind General von Mellentin, die Obersten von Brause, von Bose und von

Ryssel. Die Brigaden bestehen meist aus 1 Grena-
dier- und 4 Musketier- resp. leichten Bataillonen; nur
die 4. Brigade zählt bloß 4 Bataillone. Außerdem hat
jede Division noch 2 Batterien zu je 8 Geschützen.
Die Kavalleriebrigade unter General von Gablenz
besteht aus 8 Eskadrons Husaren und 5 Eskadrons
Ulanen mit 2 reitenden Batterien. Eine schwere
12pfd. Batterie zu 8 Geschützen bildet die Reserve.
Die Kürassierbrigade wurde dem Reiterkorps La-
tour-Maubourg zugeteilt.

Am 22. marschierten die Truppen in das Lager zwischen Görlitz und Lauban am rechten Ufer der Nei-
ße. Ich war einige Tage vorher in Lauban gewesen
und hatte von dort aus Barthelsdorf, das Gut des
Onkel Mutius besucht. Dort sah es aber entsetzlich
aus; der Verwalter berechnete den Schaden an Ge-
bäuden pp. auf 40.000 Taler. Im Lager hatten mir
die Grenadiere einen Triumpfbogen mit meinem
Namenszug vor eine Hütte gebaut, um mir ihre Anhänglichkeit zu zeigen. Auch die Offiziere gaben mir
Beweise davon. Leider musste ich bereits am 26.
das Bataillon an Major Anger abgeben und wurde
am 27. als Platzkommandant nach Lauban geschickt. Dort rückte am 8. Juli eine westfälische Brigade unter General Lajoni ein; am 12. fanden viele
Truppendurchmärsche statt. Von einem unserer
Chevauxlegersoffiziere kaufte ich eine Fuchsstute
für 95 Taler.

Am 19. löste mich Anger in meinem Kommando als
Platzkommandant ab; am 20. traf ich im Lager ein.
Es wurde mir das 2. Bataillon Rechten überwiesen,
das zur 2. Brigade gehört. Am 27., 28., 29. und 30.
fand ein Preisschießen der besten Schützen statt,
wobei ein Würzburger sich den ersten Preis er-
schoss; den zweiten Preis erhielt einer unserer

Grenadiere. Am Namensfest unseres Königs, am 3. August, exerzierten 2 kombinierte Bataillone, von denen ich das eine führen musste. Reynier gab einen Ball. Das Lager wurde festlich beleuchtet. Ich dachte schon daran, meine Franziska nach Lauban kommen zu lassen, falls sie nicht mit ihren Eltern nach Torgau ginge, da traf am 8. für uns die Marschordre ein. Mein Bataillon und das 1. von Prinz Max wurden zu einem Regiment unter Major von Wittern vereinigt. Zunächst ging es bis Ullersdorf pp. Dort wurde fleißig exerziert. Am 14. ging es weiter, am 17. gelangten wir über Spremberg bis Zelmsdorf bei Luckau. Dort hieß es, dass der Ausbruch der Feindseligkeiten baldigst erfolgen würde; wir mussten Feldwachen aufstellen. Am 18. wurde bei Groß-Zischt von unserer Division ein Biwak bezogen. Die 2. lagerte mit der Kavalleriebrigade bei Marxdorf, die zu unserem Korps gehörende Division Durutte bei Damsdorf. Bei Baruth, 3 Stunden weiter vorwärts, hatten sich das 4. und 12. Korps aufgestellt. Das Wetter war sehr schön und die Nacht prächtig. Am 19. gingen wir, Baruth rechts lassend, bis Schönfeld, einem sächsischen Grenzdorf, vor, die 2. Division bis Schöneweide. Unser Aufmarsch war hiermit beendet. Das 12. Korps war bei Baruth geblieben und bildete den rechten Flügel, wir das Zentrum und das 4. Korps den linken Flügel (bei Luckenwalde). So blieben wir den 20. stehen. Tags darauf rückten wir bis Christinendorf vor, wo wieder biwakiert wurde. Das 12. Korps war bis Trebbin, das 4. Korps bis Zossen vorgegangen. Bisher hatten wir nur mit den feindlichen Vortruppen zu tun gehabt; am 22. stießen wir auf ernsteren Widerstand. Die Division Durutte, welcher unsere 2. Division folgte, ging in der sumpfigen Niederung gegen Wittstock vor, unsere Division bildete die Reserve. Die Kavallerie folget ebenfalls rechts rückwärts. Die Brigade Brause passierte den Sumpf an einer ziemlich seichten Stelle und griff von Norden her die Verschanzungen des Feindes auf der Windmühlenhöhe bei Wilmersdorf an, während das 12. Korps mit einer Brigade dieselben von Wilmersdorf aus angreifen ließ. Dadurch wurden die Preußen im Rücken bedroht und zogen sich zurück. Die Division Durutte nahm gegen Abend nach heftigem Kampfe Wittstock. Unsere Division biwakierte auf der Windmühlenhöhe, die 2. bei Wittstock. Am 23. rückte unser Korps auf Veranlassung des General Bertrand, der sich nicht getraute mit seinem (4.) Korps den Engpass hinter Jähnsdorf zu forcieren (Jähnsdorf hatte er am 22. genommen) auf der Straße nach Großbeeren vor. Die 2. Division hatte die Tete; ihr folgte die Division Durutte, hiernächst der gesammelte Fuhrpark und dann erst die 1. Division. Bei Großbeeren stieß die Avantgarde auf den Feind, der außer mehreren Bataillonen und Reiterregimentern viel Kosaken zeigte. Eine feindliche Batterie wurde durch unsere reitende Artillerie zum Schweigen gebracht. Die 2. und die Division Durutte schoben Plänkler vor und stellten sich in Kolonnen dahinter auf. Das Grenadierbataillon Sperl nahm Großbeeren mit dem Bajonett. Nun zog General von Lecoq auch die 1. Division auf dem linken Flügel in die Gefechtslinie vor. Der Feind zog sich gegen Ruhlsdorf zurück. General Reynier, im Glauben, dass das 12. Korps in gleicher Höhe mit ihm stände, besetzte nur schwach Großbeeren mit einer Grenadier-Kompanie, ließ die 2. Division auf der Höhe rückwärts des Dorfes Stellung nehmen, schob die 1. und die Division Durutte noch weiter links zurück. Ebenso machte er es mit unserer Kavallerie. Das 4. Korps stand noch bei Jähnsdorf.

Wir waren im Begriff zu lagern, als das 3. Preußische Korps (Bülow) in mehreren Treffen trotz des
heftigen Regens lebhaft zum Angriff vorrückte und
bald darauf Großbeeren wegnahm. Es setzte sich
hierauf mit den Tauenzienschen Truppen bei Jähnsdorf in Verbindung und drang mit ihnen auch gegen
unsere rechte Flanke vor. Die beiden Bataillone König und Prinz Anton, welche diese Flanke decken
sollten, wurden teils in einen Morast, teils in den dahinter liegenden Wald geworfen. Eine Brigade der
Division Durutte warf die Gewehre weg und floh in
den Wald. Dagegen hielt sich die 2. Division sehr
gut, ging zum Bajonettangriff vor, musste aber der
Übermacht weichen. Die 1. Division formierte ein
offenes Viereck und deckte den Rückzug des Korps
gegen Wittstock. Die Brigade Brause bildete die Arrieregarde. Mein Bataillon wurde durch die flüchten-
den Franzosen auseinander gesprengt, sodass ich
nur 200 Mann bei mir behielt. Mit diesen stieß ich
auf eine Patrouille des 12. Korps, die uns in das Biwak desselben brachte, wo niemand den unglücklichen Ausgang der Schlacht ahnte.

Den 23. Aug. war die Schlacht bei Großbeeren, wo
mein Bataillon erst als Reserve aufgestellt war, als
aber der Rückzug uns näher kam auch noch im
Dunkeln Teil am Gefecht nahmen und ich in der
Nacht mit 200 Mann im Wald von dem Korps getrennt und erst den andern Tag wieder zu ihm stieß.

Am 24. marschierte ich mit diesem Korps über Tre-
bin nach Gollo. Dort stieß ich auf unsere (1.) Division, welche an diesem Tag noch bis Schönflies zurück ging. Am 25. wurde der Rückzug über Jänikendorf bis Werben fortgesetzt. Aus Jänikendorf ver-
trieb das Bataillon Friedrich August Kosaken. Wir
vermochten es nicht, uns diesen übereilten Rückzug

zu erklären, da weder das 12. noch das 4. Korps ernstliche Verluste erlitten hatten. Bei unserem Korps hatte die 2. Division am meisten verloren. Der sächsische Gesamtverlust belief sich auf 28 Offiziere und 2.069 Mann.

Der Feind verfolgte uns auf diesem Rückzug fast nur durch Kosaken. Am 27. erreichten wir Jüterbogk, aus welchem kleine feindliche Abteilungen vertrieben wurden. Eben dahin kamen auch das 12. und 4. Korps. In Luckau wurde ein Bataillon Prinz Max von den Verbündeten gefangen genommen. Am 28. verließen wir Jüterbogk, rückten nach Bamsdorf, standen dort die ganze Nacht in Alarmstellung und marschierten am 29. nach Marzahne. Dort blieb die 2. Division stehen: Die 1. besetzte den Bergrücken nördlich Kropstädt. Unsere Kavalleriebrigade hatte bei Schmögelsdorf ein ziemlich hitziges Gefecht mit Kosaken, das erst durch das Eintreffen eines Bataillons leichter Infanterie beendet wurde, welches letztere in Respekt hielt. Die Stellung bei Marzahne wurde Nachmittags von den Russen lebhaft angegriffen, ebenso der Posten bei Schmögelsdorf. Die bei Kropstädt stehende 2. Division musste sich auf Kropstädt selbst zurückziehen. Der Wald zwischen Kropstädt und Marzahne wurde von der Brigade Bose mit 3 Geschützen besetzt. In dieser festen Stellung hielten wir uns. Abends traf auch noch das 4. Korps ein. Wir erhielten die Nachricht, dass das 12. Korps die Preußen bei Jüterbogk zurückgedrängt hätte.

Aus Wittenberg wurden uns ½ Ration Zwieback und ½ Ration Schnaps pro Mann zugesendet. Am darauffolgenden Tage, dem 30., traf auch das 12. Korps ein und besetzte Marzahne. Die Verbündeten zogen sich zurück; wir aber blieben ruhig stehen, ohne etwas gegen den Feind zu unternehmen. Dort erreichte uns auch die Nachricht von dem Siege des Kaisers bei Dresden über die verbündete österreichisch-preußisch-russische Armee. Es heißt, Vandamme habe letzteren den Weg nach Böhmen verlegt, der Vizekönig von Italien den nach Freiberg, sodass sie nur über Kommotau zurückgehen könnte.

Ob dieser Sieg des Kaisers uns nützen wird, dürfte sich bald zeigen. Zunächst sind wir gestern hierher ins Biwak gerückt und die Leute bauen Hütten, als ob wir lange hier bleiben sollten. Ich sitze in einem elenden Bauernstübchen, um Dir zu schreiben. Die 2. Division steht näher an Wittenberg in Grabo. An Futter und Stroh ist ziemlicher Mangel, ebenso an Brot. Die Kartoffeln holen sich unsere Leute mit Lebensgefahr vor den Vorposten. Feindliche Kolonnen ziehen in der Richtung über Strako nach Kosswig zu.

Sobald es meine Zeit erlaubt, gebe ich Dir wieder Nachricht.

Dein Bruder Heinrich

———

IV.Brief

Dommitzsch 13. September

Lieber Bruder!

Seit dem 2., wo ich Dir vom Biwak in Jahmo schrieb, haben wir abermals eine – namentlich für uns – verlustreiche Schlacht geschlagen und sind wieder weiter zurückgedrängt worden, Dank der Uneinigkeit, Unbotmäßigkeit und Ungeschicklichkeit der Korpsführer. Wir sind, was man sagt, verraten und verkauft und unsere Erbitterung gegen die Franzosen ist schon auf dem höchsten Gipfel.

Lass Dir nun weiter erzählen. Am 3. wurden die Stellungen bei Jahmo und Grabo geräumt und von dem Korps ein Biwak bei Dotien, 1 Stunde von Wittenberg, bezogen. Der Feind verfolgte uns auf diesem Marsch, die Brigade Ryssel war mit ihm bis zum Abend engagiert und verdrängte ihn aus Schmelkendorf. Aus Wittenberg erhielten wir Gottlob wieder Lebensmittel. Es hieß, die Preußen wären bei Kosswig über die Elbe gegangen. Auch aus Dresden kam die Hiobspost, dass Vandamme bei der Verfolgung der Verbündeten zu weit vorgegangen und geschlagen worden wäre. Der Kaiser, der auf dem Wege zu uns war, sei in Folge dessen umgekehrt.

Der Onkel schrieb mir, dass Dresden voller Verwundeter und Gefangener sei. Statt des Kaisers traf am 4. Marschall Ney bei uns ein, um das Oberkommando über die 3 Korps zu übernehmen. Er hielt Revue über uns ab, die schnell beendigt war. Am 5. früh kam ich mit meinem Bataillon auf Vorposten, aber kaum hatte ich dieselben bezogen, als der Befehl zum Abmarsch eintraf. Wir rückten etwa um 10 Uhr in der Richtung auf Zahna vor, die Korps in Echelons, das 12. vorne, dann das 4. und zum Schluss das unsrige. Das 12. Korps verdrängte die Vorhut des Tauenzienschen Korps aus Zahna und dieses Korps selbst aus Seyda; letzteres zog sich gegen Jüterbogk zurück. Wir marschierten weiter in der Richtung auf Seyda und nahmen bei Zalmsdorf Stellung. Dort bezogen wir auch das Biwak. Am Morgen des denkwürdigen 6. September wurde der Weitermarsch in der Richtung auf Jüterbogk angetreten. Wir marschierten in 4 Kolonnen, auf dem linken Flügel unsere Division mit einer Eskadron Ulanen an der Spitze, hinter uns die Division Durutte, auf dem rechten Flügel die 2. Division, rechts davon die Geschütze und Munitionswagen und noch weiter recht die leichte Kavalleriebrigade. Unsere Marschrichtung war auf Rohrbeck, die des 4. Korps auf Nieder-Gersdorf; es marschierte also links von uns mit ½ Stunde Vorsprung. Das 12. Korps sollte uns eine Stunde später folgen. Das 4. Korps warf die Vorhut des Tauenzienschen Korps hinter Nieder-Gersdorf zurück; unser Korps rückte hinter dem 4. bei Dennewitz weiter auf Rohrbeck zu. Da wurde ersteres vom dem Tauenzien zu Hilfe eilenden Bülowschen Korps unvermutet in seiner linken Flanke angegriffen und zurückgeworfen. Das Kavalleriekorps des Herzogs von Padua eilte in wilder Flucht mit dem Fuhrwesen des 4. Korps vermischt bei Dennewitz vorbei nach Oehna. Nun ließ General Reynier die Division Durutte, welche zunächst war, zur Verstärkung des linken Flügels des 4. Korps nach den Engpass von Dennewitz rücken; unsere beiden Divisionen folgten dieser Bewegung ohne besonderen Befehl, weil große feindliche Kavalleriemassen von Gölsdorf aus unseren Rücken bedrohten. Trotz der durch die Kavallerie des Herzogs von Padua und der Fuhrwerke des 4. Korps verursachten Verwirrung und trotz des heftigen Geschützfeuers rückten beide Divisionen in guter Ordnung gegen den Feind vor. Das 4. und unser Korps standen nun mit dem rechten Flügel vor der Windmühlenhöhe recht von Dennewitz, als die fast 1 Stunde lange Front von da hinter der Wittenberger Straße weg bis gegen Gölsdorf, welches der Feind mit Infanterie besetzt hatte. Die Division Durutte stand links neben dem 4. Korps, links neben ersterer, also auf dem linken Flügel der Stellung, die 1.

Division; die 2. als Unterstützung mit der übrigen Artillerie auf den Höhen rückwärts Gölsdorf. Unsere Kavalleriebrigade stand hinter der französischen Kavallerie, rückwärts der Division Durutte. Auf Befehl des General Reynier wurde Gölsdorf von der Brigade Mellentin genommen. Die Brigade Brause drang auf den gegen Wilmersdorf gelegenen Anhöhen bei Gölsdorf vor. Beide Brigaden besetzten dieselben. Wäre jetzt das 12. Korps, den Voraussetzungen gemäß, eingetroffen, so wäre der Sieg unser gewesen. So aber verstärkte sich der Feind immer mehr und drängte das 4. Korps von Nieder-Gersdorf hinter den Pass von Dennewitz zurück. Auch unsere Division musste sich wieder bis hinter Gölsdorf zurückziehen. Jetzt erst trafen 3 Bataillone des 12.Korps mit einigen Geschützen auf unserem linken Flügel ein. Zum zweiten Male warf die Brigade Mellentin den Feind aus Gölsdorf heraus. Mittlerweile war auch das übrige 12. Korps herangekommen, aber die Brigade desselben, welche Gölsdorf links umgehen sollte, erhielt plötzlich Gegenbefehl und ging zurück. Dadurch bekam der Feind Luft und nahm das Dorf. Ich stand mit meinem Bataillon rechts von Gölsdorf als Batteriedeckung. (Mein Bataillon musste eine Batterie decken und mit dieser rechts von Gersdorf an der Windmühle mich aufstellen.) Die Batterie verschoss aber so viel Munition auf die feindlichen Tirailleure, dass es ihr an derselben mangelte, als die feindlichen Kolonnen vorbrachen. Mein erstes Glied tiraillierte gegen die anrückenden Preußen; als aber diese in meiner linken Flanke in den Besitz des Dorfes gelangten, musste ich zurückgehen; formierte das Bataillon in Kolonne und schloss mich dem Korps an.

Gegen 5 Uhr trat die Division, unterstützt von der bayerischen Infanterie des 12. Korps und von der feindlichen Artillerie heftig beschossen, den Rückzug von Gölsdorf an. Mein Bataillon verlor dabei gegen 200 Mann. Vor Oehna musste die Division nochmals aufmarschieren, um dem Fuhrpark und den Fliehenden, die am Eingange des Waldes die Straße verfolgten, etwas Zeit zum Entkommen und Sammeln zu lassen. Nachts 11 Uhr kamen wir bei Ahlsdorf an, wo einige Stunden gerastet wurde. Es gab schon sehr viele Marode. Der Rückzug ging mit großer Eile und bei großer Abspannung der Mannschaft vor.

Am 7. früh setzten wir den Marsch fort, gingen über Brandis, Arnnsnesta (hier wurde die Elster passiert), Zülsdorf nach Zwethau. Das 12. Korps rückte ebenfalls dahin. Der Feind belästige unsern Rückzug sehr wenig; dagegen erlitt das 4. Korps, das über Dahme zurückging, große Verluste. Ich ritt sofort nach Torgau, um nach den Schwiegereltern zu sehen (mein Schwiegervater, der Oberst Ehrenstein, war beim Treffen bei Lüneburg schwer verwundet worden und hielt sich zu dieser Zeit in Torgau auf, hatte aber um seine Entlassung gebeten), fand den Vater noch an seiner Kopfwunde leidend und erfuhr von ihm, dass meine Frau in Chemnitz geblieben war. Abends 7 Uhr ritt ich wieder zum Bataillon zurück, das bei Graditz biwakierte.

Unser Gesamtverlust bezifferte sich auf 28 Offiziere und 3.300 Mann. Außerdem verloren wir 12 Geschütze, viele Munitionswagen und Pferde.

Am 8. früh ging das Korps durch Torgau auf das linke Elbufer und wurde bei Süptitz ein Biwak bezogen. Viele Versprengte und Nachzügler fanden sich ein, sodass mein Bataillon wieder 250 Mann zählte. Noch einmal besuchte ich in Torgau meine Schwiegereltern und fand dort einen Brief mit guten Nachrichten von meiner Frau und meiner Kleinen. Mittags wurde nach Pressel abmarschiert. Obgleich das Wetter sehr günstig zum Marschieren war, so waren doch unsere Leute so erschöpft, dass es ihnen sehr beschwerlich wurde. Am 10. rückten wir bei Düben ins Biwak und fassten in der Stadt Brot und andere Lebensmittel auf 2 Tage. Unsere Leute waren auf die Franzosen so erbittert, dass sie dieselben, wo sie nur immer konnten, durchprügelten. Wir bauten uns abermals Hütten in der Meinung, dass wir einige Tage dort bleiben würden. Aber daraus wurde wieder nichts. Am 11. ging es bis Schmiedeberg vor; zwischen dieser Stadt und Plauschwitz wurde biwakiert. Man fabelte von einem Waffenstillstand und Sachsens Neutralitätserklärung. Der Kaiser sollte in Dahme sein. Am 12. sollte der Rückmarsch nach Torgau angetreten werden, doch erhielten wir in Trossin Gegenbefehl und marschierten hierher. Hier erzählt man uns, dass in Prettin, etwa 1 Stunde von hier auf dem rechten Elbufer, 2.000 Russen ständen; Torgau wäre zur Übergabe aufgefordert worden. Der Kaiser befände sich in Großenhain und beabsichtigte, wieder die Offensive zu ergreifen. Wir glauben nicht an diese Gerüchte. Da wir auch heute hier Rast haben und es uns weder an Stroh noch an Lebensmitteln mangelt, so werden sich hoffentlich unsere Leute wieder erholen.

Ob es in der nächsten Zeit möglich sein wird, Dir wieder zu schreiben, ist fraglich, doch verspreche ich Dir, jeden freien Augenblick hierzu zu benutzen.

Dein Bruder Heinrich

—

V. Brief

Biwak bei Kosswig 12. Oktober

Lieber Bruder!

Immer noch stehen wir an der Elbe, nur ein ganzes Stück weiter abwärts, als vor 4 Wochen, wo ich Dir von Dommitzsch aus Nachricht über unsern verunglückten Offensivstoß unter Marschall Ney gab. Unsere Lage hat sich, soweit wir es beurteilen können, durchaus nicht zu unserem Vorteil geändert, obgleich der Kaiser selbst unsere Operationen geleitet hat.

Während wir bei Dommitzsch vergeblich nach Anstalten des Feindes zum Übergang über die Elbe spähten und ich auf Befehl unseres Kommandierenden, der mich, wie man sagt, aufs Korn genommen hatte, die Baracken meines Bataillons total umbauen lassen musste, hatte der Feind bei Dessau den Übergang bewerkstelligt und streifte bereits bis Kemberg. Eine Rekognoszierung des Major von Selmnitz mit 100 Schützen und 50 Husaren über Schmiedeberg, Kemberg und Wartenburg bestätigte diese Nachricht. Auch meldete Major v.S., dass der Feind bei Elster eine Brücke baue. Nun erst marschierte unser Korps am 21. ab, ich aber musste mit mein Bataillon zur Beobachtung des Elbeufers in D. stehen bleiben. Nachmittags kam Lützeroda als Kurier aus Dresden und erzählte mir, dass der Kaiser mit der Garde bei Pirna aufs rechte Elbufer gegangen sei, dass ein bis Peterswalde vorgeschobenes französisches Korps sich von da zurückziehe; eines stünde bei Altenberg, ein drittes bei Dippoldiswalde. Ferner teilte er mir mit, dass unsere beiden Divisionen unter Generalleutnant von Zeschau in eine vereinigt werden sollten, General Ryssel und Oberst von Brause würden die beiden Brigaden kommandieren. Denselben Abend 7 Uhr wurde ich vom 4. Korps, das bei Dommitzsch eintraf, abgelöst und erhielt Befehl, am 22. nach Oschatz zu marschieren und von dort die Kriegskasse zur Armee zu eskortieren. Unsere Divisionen waren in die Nähe von Kemberg gerückt. Ich brach also den 22. früh 6 Uhr auf, vormittags in Schilda, dessen Einwohner uns gut bewirteten und erreichte über Dahlen Abends ½ 8 Uhr Oschatz. Dort traf ich zu meiner großen Freude meine Schwiegereltern; mein Schwiegervater hatte den Abschied genommen und sich hierher gewendet. Die Kasse war aber nicht in Oschatz sondern diese Nacht in Strehla. Ich rückte also am 23. früh nach Belgern, traf dort mit dem Intendant von Ryssel und der Kasse zusammen und marschierte an diesem Tag noch bis Zinna. Am 24. kamen wir bis Pressel bei Düben, am 25. über Authausen, wo unser Artilleriepark stand und ich für das Bataillon gute Gewehre fasste, nach Reinharts. Aber auch dort fanden wir das Korps nicht, sondern erst in Trebnitz, das wir erst Abends 6 Uhr erreichten. Während meiner Abwesenheit hatte die Verschmelzung der beiden Divisionen in eine stattgefunden. General von Zeschau hatte das Kommando übernommen. Die Division zählt 12 Bataillone, 1 Jägerkompanie, 1 Abteilung Sappeurs, 13 Eskadrons, 3 Fuß- und 2 reitende Batterien mit 30 Geschützen und ist etwa 8.500 Mann stark. Alle übrigen Geschütze und das Gepäck sind nach Torgau zurück geschickt worden. Die Division Guilminot des aufgelösten 12. Korps wurde unserm Korps zugeteilt. Am 26. marschierte dasselbe bis jenseits Oranienbaum. Dort erfuhren wir, dass Major von Bünau mit dem Bataillon König in der Nacht von 22. zum 23. von Vorposten bei Reuden zu den Schweden übergegangen war. In Folge dieses Vorkommnisses traf eine Ordre des Königs ein, dass über die zum Feind übergegangen Offiziere Kriegsrecht gehalten werden sollte. Wir blieben den 27. und 28. bei Oranienbaum stehen; die andern Divisionen rückten bis Wörlitz. Das Wetter war schlecht, doch war meine Baracke zum Glück wasserdicht. Am 29. marschierten auch wir durch Oranienbaum und von da, Dessau links lassend, bis Luisium (herzogl. Schloss) rasch bis gegen Rosslau vor. Die dortige Brücke mit Brückenkopf hielten die Schweden besetzt. Mein Bataillon blieb in der Nähe des Schlosses in Kaserne stehen. In dieser Stellung blieben wir auch am 30.. Die Schweden zogen sich, wie es schien, die Mulde aufwärts. Währenddessen war die Schlesische Armee nach Wartenburg gerückt, hatte dort den Übergang über die Elbe erzwungen und die schwache württembergische Abteilung zurück getrieben.

Trotzdem brachen wir erst am 3. Oktober nach Volkerode auf, 1 Stunde diesseits Wörlitz. Dort erhielten wir weitere Nachricht, dass die Preußen bei Bleddin eine Brücke über die Elbe geschlagen hätten und das 4. Korps zurückdrängten. Es wurde in der Nacht weiter marschiert und kamen wir am 4. früh 3 Uhr in Oranienbaum an, überschritten später bei Jessnitz die Mulde und rückten bis Bärendorf in der Nähe von Delitzsch. Das war ein kolossaler Marsch von beinahe 5 Meilen. Wir verloren viele Marode, welche nun die Kosaken auffingen. Unterwegs stießen wir auf die Trümmer des 4. Korps, welches bei Bleddin und Dorna auseinandergesprengt worden war. Am 5. wechselten wir unser Biwak; es kam ½ Stunde südlich Delitzsch. Am 6. rückten wir, Eilenburg links lassend, bis Plagwitz; das Reyniersche Hauptquartier kam ganz nahe nach Püchau. Am 8. wechselten wir zwar unser Biwak, kamen aber ganz in die Nähe nach Lübschütz.

Am 9. hatten wir jenseits Eilenburg Revue vor dem Kaiser, der von Wurzen gekommen war. Er hielt dabei eine Ansprache an uns, worin er sagte, dass wir in den letzten Affairen unglücklich gewesen wären. Er würde sich aber an unsere Spitze setzen und die Preußen auf das rechte Elbufer hinüber treiben. Nach der Revue verteilte er an jedes Bataillon 5 Ehrenlegionskreuze: beim Bataillon Rechten erhielten ich, die Premierleutnants von Beust, Dreverhoff und Oelschlägel sowie Sergeant Naumann Kreuze. Hierauf marschierten wir ins Biwak bei Priestäblich. Am 10. gingen wir zunächst in der Richtung nach Gräfenhainichen vor, wendeten uns dann aber nach Kemberg, wo wir Stellung nahmen; es war 11 Uhr Nachts als wir dort ankamen. Ich erhielt durch General von Zeschau das Verleihungsdekret des Ehrenlegionskreuzes zugestellt, das vom 5. Oktober datiert war. Den nächsten Vormittag gegen 10 Uhr brachen wir wieder auf, marschierten bis Pratau südlich Wittenberg, blieben dort mehrere Stunden stehen, passierten dann Wittenberg und nahmen ½ Stunde davor Stellung. Alle diese Bewegungen leitete der Kaiser selbst, welchen die Kavallerie der Garde begleitete. Unsere zwei Korps (7. und 12.) und die polnische Division Dombrowsky rückten hierauf vor die Westfront der Festung. Das preußische Blokadekorps unter General Thümen hatte sich hinter dem Defilee von Griebau aufgestellt und seinen rechten Flügel an die Elbe angelehnt. General Reynier umging nun den feindlichen linken Flügel mit Kavallerie und griff zugleich den Feind in der Front mit Infanterie an. Darauf hin zog sich General Thümen in bester Ordnung gegen Klieken zurück und verlor dabei nur 400 Mann. Unsere Division steht hinter, die Division Durutte vor Kosswig. Für morgen ist eine weitere Vorwärtsbewegung geplant. Unsere Kavalleriebrigade rekognosziert gegen Zerbst und auf der Straße nach Berlin.

Bald mehr. Mit herzlichen Gruß

Dein Bruder Heinrich

———

VI. Brief

Kuhrsdorf bei Zeitz 24. Oktober

Lieber Bruder!

Die Würfel sind gefallen, die Entscheidung ist gefallen und zwar eher, als wir sie erwartet hatten. Ist es auf der einen Seite hoch erfreulich, dass Napoleon eine Niederlage erlitten hat, von der er sich wohl nicht wieder erholen wird, dass die deutsche Sache gesiegt hat, dass wir aufatmen können von dem furchtbaren Druck, den die Franzosen auf uns ausübten, trotzdem wir ihre Verbündeten waren; so beklagt doch andererseits jedes treue Sachsenherz schwer die Gefangennahme unseres Königs, die Unsicherheit, in welcher wir alle uns im Bezug auf unsere Zukunft befinden und die gräulichen Verwüstungen, welche der Krieg abermals in unserem Lande angerichtet hat. Gott möge alles zum Besseren wenden! Ich will Dir nun meine weiteren Erlebnisse seit dem Biwak bei Kosswig (am 12.) berichten, von wo ich Dir zuletzt schrieb.

Am 13. rückten unsere und die Division Guileminot sowie die Gardekavallerie unter Reyniers Befehl weiter gegen Roßlau vor, wo die Brücke über die Elbe wieder hergestellt wurde. Aber schon halbwegs bei Klieken erhielten wir Befehl zu halten. Es hieß, der Kronprinz von Schweden habe mit seinem

Korps Halle besetzt. Der Kaiser war nach Leipzig geeilt. Man sprach auch von dem Anmarsch einer großen österreichischen Armee auf Leipzig. Nachts 2 Uhr wurde der Rückmarsch angetreten. Wir passierten Kosswig, Wittenberg, Kemberg und gelangten bis Rotta, wo wir die Nacht im Biwak blieben. Die Roßlauer Brücke war wieder zerstört wurden. Am 15. früh wurde der Marsch bis Düben fortgesetzt. Erst sollten wir dort noch über die Mulde gehen, doch wurde dies geändert und brachte man uns in Scheunen und Häusern unter. General von Zeschau berief die Offiziere unserer Division zu sich, hielt eine Ansprache, die sich auf die bevorstehenden Ereignisse bezog und erwähnte dabei der Zeitungsberichte über unser Verhalten am 6. September. Der Ton derselben wurde sowohl von Reynier, wie vom Kaiser gemißbilligt, welcher uns zum Beweis seiner Zufriedenheit jetzt die Ehrenlegionskreuze verliehen hatte. Am 16. traten wir schon frühzeitig ins Gewehr, marschierten aber erst Nachmittag 2 Uhr ab und trafen Abends 8 Uhr in Eilenburg ein. Hier hatten wir nur 2 Stunden Ruhe, dann ging es weiter. Den ganzen Tag über hatten wir den Kanonendonner von Leipzig her gehört. Den 17. früh langten wir bei Paunsdorf an und nahmen dort Stellung. Unterwegs waren wir auf viele verlassene Munitions- und Gepäck-Wagen gestoßen, welche wahrscheinlich die Kosaken ausgeplündert hatten. Auch viele tote Pferde lagen an der Straße. Wir blieben den ganzen Tag hier stehen und biwakierten in dieser Stellung. Am 18. früh 6 Uhr rückte das Korps nach dem Vorwerk „Heiterer Blick", um von da nach Eilenburg aufzubrechen. Er war aber nicht möglich dort durchzukommen. Abermals war es das Reiterkorps des Herzogs von Padua, welches von der Blücherschen Kavallerie geworfen worden war, das, ähnlich wie Großbeeren, in toller Flucht samt seiner Artillerie und seinem Fuhrwerk auf der Straße nach Taucha zu eilte und letztere sperrte. Es blieb uns also nichts anderes übrig, als in 2 Treffen bei Schönefeld aufzumarschieren und den Angriff des Blücherschen Korps zu erwarten. Als aber kein Angriff erfolgte, zogen wir uns wieder hinter Paunsdorf zurück, sodass wir dieses Dorf zu unserer Linken hatten und zwischen der Wurzner und Eilenburger Straße standen. Unsere Kavalleriebrigade blieb bei „Heiterer Blick" stehen. (Sie ging bald darauf mit dem 1. leichten Infanterieregiment, das ihr zugeteilt war, zu den Verbündeten über). Die Division Guileminot war zum 4. Korps nach Lindenau detachiert worden. Bald nach unserer Ankunft in die oben erwähnte Stellung wurden wir von einer feindlichen Batterie mit Erfolg beschossen. Die Schlacht war in vollem Gange. Von allen Seiten wurde die französische Armee bedrängt, die mit großer Tapferkeit focht. Als Marschall Ney den von ihm befehligten linken Flügel der großen Armee weiter zurückziehen musste, weil es der Nordarmee gelungen war, sich mit der schlesischen in Verbindung zu setzen, mussten auch wir weiter zurückgehen. Die Brigade Brause stand nun vor Sellerhausen und Stünz in Kolonnen und die Brigade Ryssel zwischen Paunsdorf und der Mölkauer Windmühle in Linie. 1 reitende und eine 12pfd.e Batterie standen vor Paunsdorf. Oberst von Brause und noch mehrere Offiziere gingen nun den General von Zeschau an, mit der Division die französische Armee zu verlassen, in der Hoffnung, dass die Alliierten dann glimpflicher mit König und Vaterland verfahren würden. Napoleon hatte diesen Schritt vorausgesehen und uns deshalb noch diesen Morgen nach Torgau zurückschicken wollen. General von Zeschau schickte zum König nach Leipzig, um ihm zu melden, dass die leichte Kavalleriebrigade und das 1. leichte Infanterieregiment zu den Verbündeten übergegangen seien und ihn von der Stimmung und den Wünschen der übrigen Truppen zu unterrichten. Der König ließ ihm antworten, dass er auf die Treue und Anhänglichkeit seiner Truppen bauen wollte. Wir standen Nachmittags noch in derselben Stellung, als plötzlich Oberstleutnant Raabe mit seinen 30 Geschützen zum Feinde überging. Nun ließ General Ryssel auch seine Brigade antreten; als dies General von Zeschau bemerkte, befahl er der Brigade zu halten. Während dem kam Reynier zu Zeschau gesprengt. Diesen Moment nutzte Ryssel und ließ seine Brigade abermals antreten. Ihm folgte Oberst von Brause mit meinem Bataillon und dem Regiment Steindel. Das Bataillon Friedrich war bei Taucha gefangen genommen worden. Wir mussten unterwegs noch ein derbes Feuer einer englischen Raketenbatterie aushalten. Auch eine französische Batterie schoss auf uns. Wir stießen auf das 1. leichte Infanterieregiment und das Grenadierbataillon Spiegel und marschierten unter Ryssels Führung bis Engelsdorf, wo wir ein Biwak bezogen. General von Zeschau war zum König nach Leipzig geritten.

Unsere beiden Brigadiers begaben sich sofort zum österreichischen und russischen Kaiser. Wir wurden von beiden Monarchen aufs Beste empfangen, trafen auch dort den General von Langenau (Du weißt, er ist im Frühjahr in österreichische Dienste getreten) und erhielten die Versicherung, dass wir als sächsische Soldaten betrachtet werden sollten. Einstweilen wurden wir der österreichischen Hauptreserve zugewiesen. Am 19. gegen Mittag marschierten wir wieder von Engelsdorf ab. Es hieß, wir sollten vor den verbündeten Monarchen die Revue passieren; es wurde aber nichts daraus. Leipzig war früh ½ 10 Uhr genommen worden. Napoleon hatte sich vor 9 Uhr vom Könige verabschiedet und hatte ihm das Kommando über die übrigen sächsischen Truppen zurückgegeben. Die verbündeten Monarchen erklärten unsern König und die Truppen, welche nicht übergegangen waren, für kriegsgefangen. Wir blieben die Nacht in Konnewitz. Am 20. Mittags folgten wir dem österreichischen Hauptquartier nach Deuben. Oberst von Brause war im Hauptquartier bemüht, den Kaiser Franz zu bewegen, Land und Truppen unter seinen Schutz zu nehmen. Am 21. ging es weiter nach Zeitz zu; ich wurde mit meinem Bataillon in Roßberg verquartiert. Am 22. früh verbreitete sich das Gerücht, dass wir Sachsen nach Leipzig abrücken sollten, um dort vom Kronprinzen von Schweden neu formiert zu werden; da aber Kaiser Franz sich, wie es schien, nicht dazu entschließen konnte, weil Metternich abwesend war, blieben wir in unseren bisherigen Quartieren. Gestern, nachdem das österreichische Hauptquartier marschiert war, erhielten wir andere Kantonierungsquartiere in und um Zeitz. Mein Bataillon kam hierher zu liegen, ich mit den Offizieren in das Frau von Bünau gehörige Schloss.

Wir sind alle sehr niedergeschlagen, weil unsere Existenz auf das Äußerste bedroht scheint; nach der Audienz, die Brause vorgestern bei Metternich gehabt hatte, schienen unsere Obern mehr Hoffnung auf einen für uns günstigen Ausgang zu fassen; es hieß, dass wir in Borna als sächsisches Korps neu formiert werden würden.

Bei Leipzig sollen im Ganzen 340 Geschütze erbeutet worden sein. Alle Gefangene werden an die

Russen abgegeben. Das Elend um Leipzig ist grenzenlos. Sowie bestimmtere Nachrichten über unsere Zukunft eintreffen, werde ich Dir wieder schreiben.

Dein Heinrich

———

VII. Brief

Leipzig 6. Januar 1814

Lieber Bruder!

Diesmal kommen die Mitteilungen meiner letzten Erlebnisse nicht aus dem Feldlager, sondern aus einem warmen freundlichen Stübchen, wo ich nach so kummervoller Zeit wieder einmal behaglich im Kreis der Meinigen sitze und bei lieben guten Leuten, die uns auf den Händen tragen. Wie ganz anders als in dem Biwak bei Kosswig oder selbst in dem Schloss der Frau von Bünau! Unser lieber Wirt ist der Bankier Ploß; ich bin hier seit 12. Dezember Platzkommandant und habe Frau und Kind auf Veranlassung des ersteren und dessen Familie am 21. aus Oschatz hierher kommen lassen, wo sie bei den Schwiegereltern zu Besuch waren. Bin ich nicht zu beneiden?

Ich schrieb Dir zuletzt am 24. Oktober aus Kuhndorf bei Zeitz und schüttete Dir mein tief bekümmertes Herz aus. Seitdem gab es noch einmal eine Affaire in unserem Vaterlande, von der Du vielleicht gehört haben wirst und bei welcher ich ebenfalls nicht fehlte.

Am 26. brachen wir aus unsern Kantonnement bei Zeitz auf; mein Bataillon kam an diesem Tage bis Groitzsch und Wedelwitz. Am 28. marschierten wir, Leipzig links lassend, bis Gallen resp. Zschettgau bei Eilenburg, wie es hieß, das provisorische Gou-

vernement in Leipzig vor etwaigen Angriffen der
Torgauer und Dresdner französischen Besatzung zu
schützen. General Ryssel, der uns bis zum Eintreffen des Generalleutnant von Thielmann kommandierte, hatte uns in 2 Brigaden eingeteilt, deren eine
der Major von Selmnitz, die andere der Major von
Holleufer führte. Ich hatte ein aus dem Überrest
meines bisherigen Bataillons (Rechten) und des Bataillons Anton formiertes Bataillon erhalten. Als wir
am 29. Oktbr. 1813 die Nachricht erhielten, dass der
russ. Fürst Repnin Generalgouverneur von Sachsen
sei und dadurch das Land unter russische Adminis-
tration gestellt wurde. Am 29. traf aber bereits der
Befehl ein, zur Verstärkung des Tauenzienschen
Blockadekorps vor Torgau zu rücken. Infolge dessen rückte das Korps am 30. früh aus der Gegend
von Eilenburg ab. Ich musste aber auf Anordnung
des Oberst von Brause mit dem halben Bataillon als
Besatzung in Eilenburg bleiben; jedoch wurde ich
noch denselben Tag durch 50 Mann Garde abgelöst
und marschierte am 31. bis Audenhain, wo ich wieder zum Korps stieß. Am 2. November erhielten wir
Quartiere in Staupitz, Loßwig, Bannewitz, Melpitz
usw. Schon an diesem Tag hatten die Franzosen
einen Ausfall aus der Festung gemacht, um Holz zu
Palisaden zu schlagen. Sie hatten dabei nicht allein
1 Offizier und 100 Mann, sondern auch viele mit
Holz beladene Wagen und 60 Trainpferde eingebüßt. Am 3. rückten sie abermals in ziemlicher Stär-
ke aus der Festung, um Palisadenholz zu holen.
Unsre Division rückte vor. Mein Bataillon sammelte
in Melpitz und hatte den Auftrag, dem 1. leichten
Bataillon als Unterstützung zu dienen. Um 3 Uhr
war das Gefecht vorüber. Die Franzosen, denen 2
Geschütze demontiert worden waren, zogen sich in
die Festung zurück. Ich hatte nur 1 Blessierten. Der

Angriff war hauptsächlich auf Loßwig und das dortige Blockhaus gerichtet gewesen. Am 5. früh unternahm die Festungsbesatzung abermals einen Ausfall, besetzte Loßwig und ging gegen Staupitz und Beckwitz vor, ebenfalls in der Absicht, die Linie unserer Kantonnements zu durchbrechen, diese auszufouragieren und Holz in der Heide zu schlagen. Ich schlug mit meinem Bataillon, unterstützt von der bei Beckwitz stehenden Abteilung, den Feind bis in das Holz zurück und als er sich dort konzentrierte und unsere Tiralleure zurückdrängte, machte das Grenadierbataillon Anger einen entschlossenen Bajonettangriff und warf das Garde-Marine-Bataillon über den Haufen. Loßwig wurde von uns wieder genommen und der Feind, den unsere Artillerie wirksam beschoss, zum eiligen Rückzug in die Festung gezwungen. Wir verloren 5 Offiziere und 60 Mann.

Die noch in Torgau befindlichen sächsischen Offiziere hatten am 4. die Festung heimlich verlassen. Der 6. und 7. verging ruhig. Am 8. stand ich mit dem Bataillon auf Vorposten am großen Teich, dessen Damm in der Nacht durchstochen wurde. Nach der Ablösung am 9. wurde ich in Malitzschen verquartiert, wo auch das Grenadierbataillon Anger untergebracht war. Die Vorbereitungen zum Abmarsch begannen; man wollte wissen, dass wir zur Nordarmee stoßen sollten und das unser Marsch über Querfurth, Kassel usw. gehen würde. Ich nahm mir zunächst am 13. auf 2 Tage Urlaub nach Oschatz, bat von dort um weiteren Urlaub und ritt am 14. nach Chemnitz zu den Meinen. Ich fand sie Gottlob wohlan; ritt am 16. von da bis Borna und am 17. bis Schadendorf bei Merseburg, wo ich wieder mein Bataillon erreichte; denn am 14. waren unsere Truppen vor Torgau von einer preußischen Brigade abgelöst worden und in die Merseburger Gegend marschiert. Am 25. hielt General von Thielmann, der das Kommando über uns angetreten hatte, Revue ab und sprach sich sehr zufrieden über uns aus. Am 29. dislozierte ich nach Biendorf, einem der Gräfin Hech gehörigen Schlosse, wo ich sehr gut aufgehoben war, nachdem ich wochenlang nur in Bauernstuben gelegen hatte. Wir exerzierten fleißig. Am 4. Dezember hatten wir vor dem General-Gouverneur Fürsten Repnin Revue, wir mussten lange auf ihn warten. Das zu Marsch bestimmte Bataillon (das 5.) wurde am 6. formiert und musste ich in Folge dessen umquartieren. Ich kam zunächst nach Leina, zum dortigen Pastor, später nach Gölitzsch, wo ich auch gut untergebracht war.

Am 12. erhielt ich Befehl, wie ich schon erwähnt habe, als sächsischer Platzkommandant nach Leipzig zu gehen. General Thielmann, bei dem ich mich zu melden hatte, war wie immer sehr freundlich gegen mich; auch meine alte Gönnerin, die Frau Generalin von Polenz besuchte ich und tauschte mit ihr Reminiszenzen unseres Warschauer Aufenthaltes aus. Ich hatte gleich, als ich hierher kommandiert wurde, an meine Frau geschrieben, die sich zur Zeit bei ihren Eltern in Oschatz zu Besuch befand und sie veranlasst hierher zu kommen. Erst hatte sie mancherlei Bedenken; am 21. überraschte sie mich aber mit unserer kleinen Marie. So konnten wir zusammen das Hl. Christfest feiern. Mit unserer lieben Wirtsfamilie warteten wir bei einer vortrefflichen Bowle Punsch den Beginn des neuen Jahres ab. Möge es nicht nur für uns alle ein recht glückliches werden, sondern auch unserm armen gefangenen, schwer geprüften König die Freiheit, sowie unserm verwüsteten Vaterlande Frieden und Wohlstand bringen!

Ein Teil unserer Truppen, eine Infanterie-Brigade unter General von Ryssel und eine Kavallerie-Brigade unter General von Gablenz sind am 1. Januar bereits aus den Kantonnements bei Merseburg in der Richtung nach Göttingen zu in Marsch gesetzt worden; die übrigen stehen noch bei Merseburg und Querfurth. Wie es heißt, wird der Herzog von Weimar das Oberkommando übernehmen. Gestern rückten auch unter großem Jubel der Bevölkerung die Banner-Husaren von hier ab. Die Begeisterung für den Krieg gegen Frankreich ist überall groß.

Franziska grüßt Dich mit mir herzlich.

Dein Bruder Heinrich

———

Am 26. Jan. 1814 reiste ich wieder von Leipzig ab zu meinem Bataillon nach Merseburg, wo nun alles zum Abmarsch bereitet wurde, und am

2. Febr. 1814 abmarschierten.

Quellen

Cerrini – Die Feldzüge der Sachsen in den Jahren 1812 und 1813 – Dresden 1821

Hauptstaatsarchiv Dresden, Bestand 12 593 Familiennachlass Hausen

No. 172   Hausen, Heinrich Carl F. F. 1806-1842
No. 197   Hausen, Heinrich Carl F. F. 1812
No. 198   Hausen, Heinrich Carl F. F. 1812
No. 199   Briefberichte an seinen Bruder 1813
No. 205   Abschriften Tagebücher u.a. 1812, 1813

Richter – Der kgl. sächs. Militär-St.Heinrichs-Orden – Frankfurt a.M. 1964

www.stadtwikidd.de/wiki/Heinrich_Karl_Ferdinand_Friedrich_Freiherr_von_Hausen

Stamm- und Rangliste der Königl. Sächs. Armee auf das Jahr 1812

Stamm- und Rangliste der Königl. Sächs. Armee auf das Jahr 1813

Titze – 1812 / Die Sachsen in Russland – Norderstedt 2012

Wächtler – Die kgl. sächs. Mitglieder der Ehrenlegion – Chemnitz 2002

Abbildungen

01 – Herausgeber / Autor

Anlage - Das Offizierskorps des Regiments vac. v. Rechten (ohne Grenadiere)

Oberst

Bose, Carl Hieronimus v.	(04.08.1810)
Einsiedel, Curt Hildebrand	(30.07.1812)

Oberstleutnant

Einsiedel, Curt Hildebrand	(17.08.1810)

Majors

Wolan, Thomas v.	(28.02.1808)
Petrikowsky, Friedrich Theodor v.	(28.09.1809)
Hausen, Heinrich Carl F. Fr. Fhr. v.	(23.06.1811, aggr.)
Lenz, Lud. Adolf v.	(05.02.1813, aggr.)

Adjutanten

Dürfeld, Joachim Heinr. Chr. L. v.; Prem.ltn. (14.09.1809)

Heldreich, Leopold Gottlob v.; Sousltn. (14.05.1807) †

Regiments-Quartiermeister

Rödiger, Friedrich Wilhelm; Sousltn. (29.09.1809)

Regiments-Chirurgus

Mattheis, Samuel Conrad	(18.03.1799)

Capitaines

Obernitz, Carl August Friedr. v.	(28.01.1809) †
Döring, Ernst Chr. Friedr. A. v.	(27.09.1809)
Itzstein, George v.	(05.07.1810)
Lichtenhayn, Carl Ludwig v.	(26.10.1810)
Brause, Ludwig Siegmund v.	(26.07.1811)
Angermann, Carl Gottlob	(16.08.1811)
Beulwitz, Heinr. Wilh. Erdmann v.	(26.02.1812) †

Zedtlitz, Anton Lud. Gustav A. v.   (26.03.1813)

Premierleutnants

Bose, Adolph Heinr. v.   (31.10.1807) †

Poncet, Johann Franz v. , Capt.   (30.09.1809) †

Röder, August Heinr. v.   (21.10.1808)

Beust, Max. Friedr. August v.   (22.10.1808)

Minckwitz, Hanns August Carl v.   (07.04.1809)

Biela, Christian Wilhelm v.   (17.08.1811)

Schollenstern, Joh. Siegmund Carl v. (26.02.1812)

Dreverhoff, Joh. Carl Adolph   (06.06.1812)

Sousleutnants

Dreverhoff, Joh. Carl Adolph   (13.05.1807)

Könemann, Joh. Conrad Aug. v.   (23.08.1807)

Kutschenbach, Carl August v.   (16.10.1807) †

Francken, Friedr. Aug. Max. v.   (08.11.1807)

Drandorff, Carl Ernst Julius v.   (26.02.1808)

Grünberg, Carl Friedr. Aug. R. v.   (20.10.1808)

Koppenfels, Aug. Erdmann v.   (14.09.1809)

Güntsch, Johann Carl   (15.10.1809)

Salza u. Lichtenau, Herrmann v.   (28.01.1810)

Hack, Philipp Heinr. Hanns Just Fhr. v. (29.01.1810) †

Egidy, Friedr. Aug. Chr. v.   (30.01.1810)

Kutschenbach, Julius Max. Alex. v.   (09.02.1810)

Flemming, Heino Frieda. v.   (20.02.1810)

Souvriant, Jul. Rue. Moritz Hier.   (10.04.1810)

Römer, Heinr. Aug. Wich. v.   (13.04.1810)

Brause, Chr. Wille. Ludw. v.   (08.12.1812)

Petzold, Johann Gottfried (10.02.1813)

Köhler, Benno Wilhelm (11.02.1813)

Goldberg, August Carl (12.02.1813)

Bauer Hellmann, Carl Eduard (13.02.1813)

† 1812 in Russland gefallen bzw. an Wunden verstorben

(in Klammern Datum des Patents)

Der im Text erwähnte Vetter im Regiment Prinz Johann Cevauxlegers war

Philipp Franz Freiherr v. Hausen, Sousltn. (12.12.1810)

⚜ ✴ ⚜

In dieser Reihe sind an Memoiren, Berichten und Tagebüchern bei BOD weiterhin erschienen:

No. 2 Die Berichte der sächsischen Truppen aus dem Feldzug 1806 (I) – Brigade Bevilaqua

No. 3 Die Berichte der sächsischen Truppen aus dem Feldzug 1806 (II) – Brigade Burgsdorff

No.19 1812 – Die Sachsen in Russland / Der Feldzug des VII. Armee-Korps in den Tagesbefehlen

No.21 Das Tagebuch von Ernst Ferdinand Aster 1812

No.22 Das Tagebuch von Friedrich Ernst Aster 1812

No.23 1813 – Die Sachsen im eigenen Land / Feldzug der sächs. Truppen in Befehlen und Rapporten

No.26 Friedrich Vollborn – Erlebtes (III) vom 28.03.1813 bis mit 15.03.1814

No.34 Friedrich Vollborn – Erlebtes (IV) vom 16.03.1814 bis mit 02.01.1816

No.35 Die Berichte der sächsischen Truppen aus dem Feldzug 1806 (IV) – Brigade Cerrini

No.37 Tagebücher von Johann Carl v. Dallwitz (1812 – 1815) und Adolf George von Göphardt (1813)